New 日本語ワクワク

NEW 와꾸와꾸 일본어 初級 2

초판 1쇄 발행 2012년 3월 26일
초판 2쇄 인쇄 2018년 12월 17일

지은이 원미령·고이데 아야(小出亜弥)
발행인 김용부
발행처 글로벌콘텐츠리퍼블릭

출판등록 2012년 1월 17일 제300-012-16호
주소 서울시 종로구 삼일대로15길 19 글로벌빌딩
전화 02)725-8282
팩스 02)753-6969

ISBN 978-89-8233-224-1 14730
    978-89-8233-221-0 14730 (set)

이 교재의 내용을 사전 동의나 허가 없이 무단으로 복사, 복제, 전재하는 것은 저작권법에 저촉되며, 법적인 제재를 받게 됨을 알려 드립니다.

global21.co.kr

Copyright © 2012 by Global Contents Republic Co. Ltd. All rights reserved.
Printed in Seoul, Korea.

New 日本語 ワクワク

와꾸와꾸 일/본/어

원미령 · 고이데 아야 공저

初級 2

この本をお使いになる方へ

　本書は、学習者が入門段階から無理なく日本語の会話を身に付けられることを目標に執筆された『ワクワク日本語21初級』の改訂版である。

　改訂版とは言っても基本的な特徴は変わっていない。まずは新しい文型を導入するにあたって、その文型が使われる場面や状況を学習者が容易に理解できるよう、前面カラーのイラストをふんだんに用いた。ぜひイラストを十分吟味しながら学習してほしい。

　また、文法および文型においては、与えられた課題を遂行する中で、文法および文型を自然に習得し、教室で学んだことを実際の場面で活用できるよう配慮した。練習の際に実際に自分が現実の状況にいることを想像しながら課題をこなせば、学習効果は倍増するだろう。

　そして、限られた語彙の範囲内ではあるが、日本文化および事情について紹介することにより、学習者が学習意欲を維持できるよう努力した。

　改訂前との違いは、1課から3課に発音練習が入った点、1つの課で学ぶ文法項目が少なくなったと同時に、新しく学ぶ文法項目には簡単な説明が入り、全体的に易しくなった点、そして、別冊だった聴解問題が各課の最後に入った点である。なお、語彙に関しては、日本語関連の試験に必要な語彙をおさえてあるので、会話を学ぶと同時に試験に備えることもできる。

初級2の構成

本書は、初級2(unit1～unit10)の10ユニットで構成され、各ユニットは次のような構成になっている。

- **Lesson Plan**：そのユニットで学習者が達成すべきコミュニケーション能力を提示した。
- **Activity**：そのユニットの学習目標を達成するために必要な文型を練習する。
- **Check Point**：新しく学ぶ文法事項を、例文を通して身に付ける。
- **Let's Try**：Activityで学んだ文型が理解できたかどうか確認する。
- **Conversation**：Activityで学習した文型が入った会話文で会話を練習する。
- **Pair Work**：Conversationの会話文の一部を入れ替えてペアで練習をする。
- **Excercise**：そのユニットで学習した文型を再確認する。
- **Listening**：そのユニットで学習した内容が入った聴解問題を解く。
- **Reading**：日本の文化や事情についての読み物を読み、内容を把握する。

この本で扱う内容

UNIT	学習目標	文法 & 表現
1	・動作を否定する ・忠告する	・動詞の「ない形」 ・〜ない（なかった）＋名詞 ・疑問詞＋否定 ・〜ないでください
2	・日記を書く ・経験について話す	・動詞の「た形」 ・動詞の「た形」＋名詞 ・〜たことがある
3	・否定の「て形」を使って、文をつなぐ ・二つ以上の事柄を並べる ・理由を話す ・試してみる	・名詞＋ではなくて ・な形容詞の語幹＋ではなくて ・い形容詞の語幹＋くなくて ・〜てみる
4	・成立しない原因／理由を話す ・状態を話す ・対比して話す ・同じ状態が続いている様子を話す	・動詞の「ない形」＋なくて ・動詞の「ない形」＋ないで ・動詞の「て形」＋ばかりいる
5	・休みの過ごし方について話す ・事柄の前後の順序を話す ・形容詞の副詞形を学ぶ	・〜たり〜たりする ・動詞の基本形＋前に ・動詞の「た形」＋後で ・い形容詞の語幹＋く ・な形容詞の語幹＋に
6	・変化について話す ・結果について話す	・名詞＋になる ・な形容詞の語幹＋になる ・い形容詞の語幹＋くなる ・動詞の基本形＋ことになる
7	・意図的な変化について話す ・決定する ・決心する ・ある時点までに完了した事柄を話す	・名詞＋にする ・な形容詞＋にする ・もう〜しましたか／まだ〜ていません ・い形容詞の語幹＋くする ・動詞の基本形＋ことにする
8	・簡単にできるかどうかを評価する ・比較する ・「もう・もっと・あと」を使い分ける	・動詞の「ます形」＋やすい ・動詞の「ます形」＋にくい ・〜ほど〜ない ・もう＋数量／程度 ・もっと ・あと＋数量／程度
9	・規則について話す ・知らない言葉の意味を聞く	・〜てもいい ・〜てはいけない ・〜てもかまわない ・〜てはだめだ ・どうぞ／〜はちょっと・・・ ・〜というのはどういう意味ですか
10	・勧める ・アドバイスする ・自分の考えを言う	・動詞の「た形」＋ほうがいい ・動詞の「ない形」＋ほうがいい ・動詞の基本形＋なら＋からがいい ・普通体＋と思う

Activity	Pair Work	入れ替え練習	Reading	Take a Break
1. 生活習慣をチェックしてみましょう 2. 二人の回答を比べてみましょう 3. 忠告してみましょう	・症状について説明する			
1. 日記を書いてみましょう 2. こんな時はどうしますか 3. 経験したことを話してみましょう	・経験について話す		花火大会	日本の祝日
1. 文をつないでみましょう 2. 新しい部屋はどうですか 3. 試してみましょう	・理由を話す	・近況について話す		
1. 理由を言ってみましょう 2. どんな状況でしたか 3. どんな状態が続いていますか	・遅刻した理由について説明する			
1. 休みの日の過ごし方について話てみましょう 2. 順序を言ってみましょう 3. どのようにしますか	・休みの日の過ごし方について話す			
1. 将来の夢を話してみましょう 2. どう変わりましたか 3. どんな結果になりましたか	・変わった事柄について話す		日本人の平均寿命	慣用句（1）
1. どうするか決めましょう 2. どう変えたいですか 3. どのように決定・決心しましたか	・決定した事柄について話す			
1. 簡単にできるかどうか、言ってみましょう 2. 比べてみましょう 3. 「もう」「もっと「あと」の使い分け	・生活環境について説明する	・携帯電話について話す		
1. 次の表示板の意味を考えてみましょう 2. 注意することについて話してみましょう 3. どういう意味でしょうか	・寮の規則について話す	・高校の規則について話す		
1. アドバイスしてみましょう 2. どちらを勧めますか 3. あなたの考えを言ってみましょう	・アドバイスをする／受ける		沖縄	日本の行政区域

この本の構成と使い方

- **Lesson Plan**
  このユニットで学ぶ学習目標を提示しています。

- **Check Point**
  例文を通して新しい文法を身につけましょう。

- **Activity**
  いろんな場面を、イラストを使って練習してみましょう。

- **Vocabulary**
  新しく出た単語を身につけましょう。

- **Let's Try**
  Activityで学んだ文型が理解できたかどうか確認しましょう。

- **Pair Work**
  学習した会話文の単語を入れ替えてペアで練習してみましょう。

- **Conversation**
  Activityで学習した文型が入った会話文で会話の練習をしてみましょう。

- **Excercise**

  学習した文型を、問題を通して確認してみましょう。

- **Omake**

  発音に注意して言ってみましょう。

- **Reading**

  日本の文化に関する紹介文を読んでみましょう。

- **Listening**

  学習した内容の入った聴解問題にトライしてみましょう。

- **Take a Break**

  知っていると得する豆知識を覚えておきましょう。

Contents

この本をお使いになる方へ	p.4〜5
この本で扱う内容	p.6〜7
この本の構成と使い方	p.8〜9
Contents	p.10〜11

UNIT 1 🎧 01〜05　　p.12〜23
- 動作を否定する
- 忠告する

UNIT 2 🎧 06〜11　　p.24〜37
- 日記を書く
- 経験について話す

UNIT 3 🎧 12〜16　　p.38〜49
- 否定の「て形」を使って、文をつなぐ
- 二つ以上の事柄を並べる
- 理由を話す
- 試してみる

UNIT 4 🎧 17〜21　　p.50〜61
- 成立しない原因・理由を話す
- 状態を話す
- 対比して話す
- 同じ状態が続いている様子を話す

UNIT 5 🎧 22〜26　　p.62〜73
- 休みの過ごし方について話す
- 事柄の前後の順序を話す
- 形容詞の副詞形を学ぶ

UNIT 6 🎧 27〜32　　　　　　　　　　p.74〜87
- 変化について話す
- 結果について話す

UNIT 7 🎧 33〜37　　　　　　　　　　p.88〜99
- 意図的な変化について話す
- 決定する
- 決心する
- ある時点までに完了した事柄を話す

UNIT 8 🎧 38〜42　　　　　　　　　　p.100〜111
- 簡単にできるかどうかを評価する
- 比較する
- 「もう・もっと・あと」を使い分ける

UNIT 9 🎧 43〜47　　　　　　　　　　p.112〜123
- 規則について話す
- 知らない言葉の意味を聞く

UNIT 10 🎧 48〜53　　　　　　　　　　p.124〜139
- 勧める
- アドバイスする
- 自分の考えを言う

付録(ふろく)　　　　　　　　　　　　　p.140〜148
解答＆リスニングスクリプト

Unit 1

Lesson Plan 🎧 01〜05

- 動作を否定する
- 忠告する

Activity 1 生活習慣をチェックしてみましょう。

🎧 01

Q1 朝早く起きますか。
　① 早く起きる　　② 早く起きない

Q2 いつも朝ご飯を食べますか。
　① いつも食べる　② ときどき食べる　③ 食べない

Q3 定期的に運動しますか。
　① する　　　　② しない

Q4 タバコを吸いますか。
　① 吸う　　　　② 吸わない

Q5 お酒を飲みますか。
　① よく飲む　　② あまり飲まない　③ 全く飲まない

Q6 仕事でストレスを感じますか。
　① 感じる　　　② たまに感じる　　③ 全然感じない

Q7 夜、12時前に寝ますか。
　① 寝る　　　　② たまに寝る　　　③ いつも12時過ぎに寝る

✚ Vocabulary

いつも:_____	ときどき:_____	定期的に:_____	よく:_____
全く:_____	ストレス:_____	感じる:_____	たまに:_____
全然:_____	～過ぎ:_____		

Check Point

動詞の「ない形」

基本形	ない形	意味	基本形	ない形	意味
1グループ					
吸う	吸わない		選ぶ	選ばない	
泣く	泣かない		込む	込まない	
騒ぐ	騒がない		触る	触らない	
話す	話さない		*入る	入らない	
立つ	立たない		*帰る	帰らない	
死ぬ	死なない		*走る	走らない	
2グループ					
借りる	借りない		見る	見ない	
開ける	開けない		負ける	負けない	
3グループ					
来る	来ない		する	しない	

Let's Try

● 次を例のように「ない形」と「ます形の否定」に変えてみましょう。

| 例 | 話す ➡ 話さない ➡ 話しません |

① 吸う ➡ _____ ➡ _____

② 泣く ➡ _____ ➡ _____

③ 負ける ➡ _____ ➡ _____

④ 入る ➡ _____ ➡ _____

⑤ 来る ➡ _____ ➡ _____

Activity 2 二人の回答を比べてみましょう。

🎧 02

	林（はやし）	小田（おだ）
Q1 定期的に運動していますか。	×	×
Q2 1日に6時間以上寝ますか。	○	×
Q3 タバコを吸いますか。	×	○
Q4 人間関係でストレスを感じますか。	×	○
Q5 ストレス解消をお酒でしますか。	×	○
Q6 カラオケによく行きますか。	○	○

A: 定期的に運動している人は誰ですか。
B: 誰もいません。
A: タバコを吸わない人は誰ですか。
B: 林さんです。

✨ Vocabulary

～以上:＿＿＿＿　人間関係:＿＿＿＿　ストレス解消:＿＿＿＿　誰も:＿＿＿＿

Check Point

1 〜ない(なかった) + 名詞

① 仕事をしない時は、何をしますか。
② 最近、タバコを吸わない人が増えましたね。
③ 会議に来なかった理由を話してください。

2 誰(何・どこ・どちら)も + 否定

① 会議室には誰もいません。
② 雨の日はどこへも行きたくありません。
③ 今日は何も食べていません。

Let's Try

● 左の表を見ながら、「ない形」を使って会話を完成してください。

① A: 1日に＿＿＿＿＿＿＿＿＿＿＿＿＿＿＿＿＿＿＿＿＿＿＿＿誰ですか。
　 B: 小田さんです。

② A: 人間関係で＿＿＿＿＿＿＿＿＿＿＿＿＿＿＿＿＿＿＿＿＿誰ですか。
　 B: 林さんです。

③ A: ストレス解消を＿＿＿＿＿＿＿＿＿＿＿＿＿＿＿＿＿＿＿誰ですか。
　 B: 林さんです。

増える:＿＿＿＿＿＿＿＿＿＿　理由:＿＿＿＿＿＿＿＿＿＿

Activity 3 忠告してみましょう。

(ここに車を止める)

ここに車を止めないでください。

(ここで写真を撮る)

_____

(他の人に言う)

_____

(夜遅く騒ぐ)

_____

(芝生に入る)

_____

✿ Vocabulary

止める:_____ 他:_____ 遅く:_____
騒ぐ:_____ 芝生:_____

Check Point

● ～ないでください (禁止・忠告)
  ① 風邪のときは、風呂には入らないでください。
  ② 壁に落書きをしないでください。
  ③ 集合時間は9時です。遅れないでください。

Let's Try

● (　)の中の言葉を使って、会話を完成してください。
  ① (風呂に入る)
    A: 風邪を引いて、熱があります。
    B: 熱がある時は、＿＿＿＿＿＿＿＿＿＿＿＿＿ないでください。

  ② (聞く)
    A: どうして彼女と別れましたか。
    B: その理由は＿＿＿＿＿＿＿＿＿＿＿＿＿ないでください。

  ③ (無理をする)
    A: 最近、体の調子がよくありません。
    B: あまり＿＿＿＿＿＿＿＿＿＿＿＿＿ないでください。

風邪を引く:＿＿＿＿　風呂に入る:＿＿＿＿　壁:＿＿＿＿　落書き:＿＿＿＿
集合:＿＿＿＿　遅れる:＿＿＿＿　熱:＿＿＿＿　別れる:＿＿＿＿
無理をする:＿＿＿＿　体:＿＿＿＿　調子:＿＿＿＿

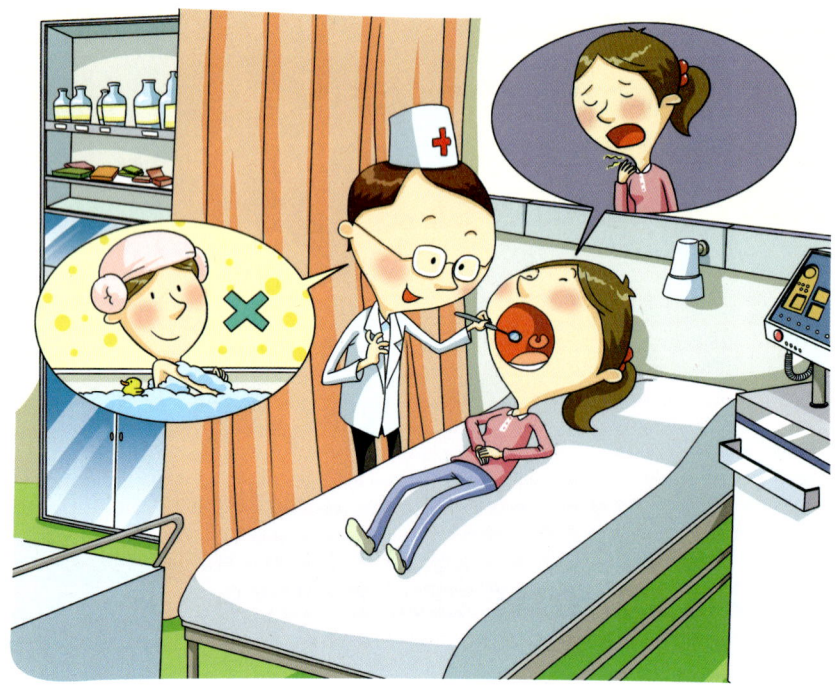

A: 今日はどうしましたか。

B: ①少し熱があって、喉が痛いです。

A: そうですか。ちょっと②口を開けてください。

＜診察後＞

A: では、薬を3日分出します。食後に飲んでください。

B: はい、分かりました。

A: それから、今日は③お風呂に入らないでください。

B: はい、どうもありがとうございました。

A: お大事に。

Vocabulary

喉:＿＿＿＿　痛い:＿＿＿＿　診察:＿＿＿＿　〜分:＿＿＿＿

出す:＿＿＿＿　食後:＿＿＿＿　お大事に:＿＿＿＿

Pair Work

1 入れ替えて練習してみましょう。

(1) ① お腹が痛い / 吐き気がする　② お腹を見せる　③ コーヒーを飲む

(2) ① 頭が痛い / 咳が出る　② 息を吸う　③ 外に出る

(3) ① 寒気がする / 熱がある　② ベッドに横になる　③ 無理をする

2 友達と二人で、一人が医者、もう一人が患者になって会話を作ってみましょう。

A: 今日はどうしましたか。

B: _____

A: そうですか。ちょっと_____てください。
　　では、薬を3日分出します。食後に飲んでください。
　　それから、今日は_____ないでください。

B: はい、どうもありがとうございました。

A: お大事に。

Vocabulary

吐き気: _____　　見せる: _____　　咳: _____

息を吸う: _____　　寒気がする: _____　　横になる: _____

1 ＿＿＿の動詞を、「～ないでください」の形にして言ってみましょう。

> 例
> A: ちょっと熱があります。
> B: じゃ、今日はお風呂に入る ➡ （ 入らないでください ）。

① A: 夜は騒ぐ ➡ （　　　　　　　　）ね。
　 B: はい、分かりました。

② A: 病院では携帯を使う ➡ （　　　　　　　　）。
　 B: あ、すみません。

③ A: ああ、頭が痛い……。
　 B: 二日酔いですね。あまりお酒は飲む ➡ （　　　　　　　　）よ。

④ A: わあ、素敵なかびん！
　 B: あ、それは触る ➡ （　　　　　　　　）。

2 （　）の動詞を、「ない形」にして言ってみましょう。

① A: 学校に＿＿＿＿＿＿＿（行く）日は、何をしますか。
　 B: たいていアルバイトをしています。

② A: どんな男性がいいですか。
　 B: まず、タバコを＿＿＿＿＿＿＿（吸う）人がいいです。

③ A: この映画、怖いですね。
　 B: ええ、これを見て、＿＿＿＿＿＿＿（泣く）子供は一人もいませんよ。

④ A: ＿＿＿＿＿＿＿（使う）時は、ここに入れておいてくださいね。
　 B: はい。

✤ Vocabulary

騒ぐ:＿＿＿＿＿＿　　二日酔い:＿＿＿＿＿＿　　素敵だ:＿＿＿＿＿＿　　かびん:＿＿＿＿＿＿
触る:＿＿＿＿＿＿　　たいてい:＿＿＿＿＿＿　　怖い:＿＿＿＿＿＿

Listening 05

1 よく聞いて、例のように記号を書きましょう。

 a.
 b.
 c.
 d.
 e.

例	1	2	3
e			

2 よく聞いて、番号にチェックしましょう。

1) ① 早く起きる　　② 早く起きない　　③ たまに早く起きる
2) ① している　　　② していない　　　③ たまにする
3) ① よく飲む　　　② あまり飲まない　③ 全然飲まない
4) ① 感じる　　　　② たまに感じる　　③ 全く感じない

✿ Vocabulary

駐車禁止:＿＿＿＿＿＿＿　　標識:＿＿＿＿＿＿＿　　妊娠:＿＿＿＿＿＿＿

初期:＿＿＿＿＿＿＿　　　　感じる:＿＿＿＿＿＿＿

Unit 2

Lesson Plan 🎧 06~11

- 日記を書く
- 経験について話す

Activity 1 日記を書いてみましょう。

🎧 06

4月10日

今日は幼なじみの香代子の誕生日だった。

香代子には内緒で、誕生日パーティーを準備した。

香代子は赤いハンドバッグを欲しがっていた。

それで、プレゼントにかわいい赤いハンドバッグをあげた。

彼女の喜ぶ顔を見て、私たちも嬉しかった。

久しぶりに楽しい一時を送った。

● Vocabulary

幼なじみ: ＿＿＿＿＿　　内緒: ＿＿＿＿＿　　準備する: ＿＿＿＿＿　　欲しがる: ＿＿＿＿＿

あげる: ＿＿＿＿＿　　喜ぶ: ＿＿＿＿＿　　嬉しい: ＿＿＿＿＿　　久しぶりに: ＿＿＿＿＿

一時: ＿＿＿＿＿　　送る: ＿＿＿＿＿

Check Point

① 1グループ動詞の「た形」

基本形	て形	た形	意味	基本形	て形	た形	意味
働く	働いて	働いた		死ぬ	死んで	死んだ	
急ぐ	急いで	急いだ		並ぶ	並んで	並んだ	
*行く	行って	行った		頼む	頼んで	頼んだ	
歌う	歌って	歌った		出す	出して	出した	
打つ	打って	打った		*切る	切って	切った	
困る	困って	困った		*入る	入って	入った	

② 2グループ動詞の「た形」

基本形	て形	た形	意味	基本形	て形	た形	意味
起きる	起きて	起きた		聞こえる	聞こえて	聞こえた	
降りる	降りて	降りた		見える	見えて	見えた	

③ 3グループ動詞の「た形」

基本形	て形	た形	意味	基本形	て形	た形	意味
来る	来て	来た		持ってくる	持ってきて	持ってきた	
する	して	した		びっくりする	びっくりして	びっくりした	

Let's Try

● 先週の週末、何をしましたか。「た形」を使って日記を書いてみましょう。

　　月　　　日

_____

_____

_____

_____

Activity 2 こんな時はどうしますか。

🎧 07

風邪を引きました。

交番で尋ねます。

道に迷いました。

交番に届けます。

怪しい人を見かけました。

薬を飲みます。

財布を拾いました。

110番に電話します。

✤ Vocabulary

交番:＿＿＿＿　尋ねる:＿＿＿＿　道に迷う:＿＿＿＿　届ける:＿＿＿＿

怪しい:＿＿＿＿　見かける:＿＿＿＿　薬:＿＿＿＿　拾う:＿＿＿＿

Check Point

🟢 動詞の「た形」＋名詞

① <u>できた人</u>は、手を上げてください。
② <u>できあがったもの</u>は、こちらに置いてください。
③ それは誰に<u>聞いた話</u>ですか。
④ これは旅行のときに<u>撮った写真</u>です。

Let's Try

● 左の絵を見ながら、例のように書いてみましょう。

> **例** 風邪を引いた時は、薬を飲みます。

① _____

② _____

③ _____

上げる: _____   できあがる: _____

経験したことを話してみましょう。

A: 相撲を見たことがありますか。
B: はい、テレビで見ました。
A: じゃ、歌舞伎はどうですか。
B: いいえ、歌舞伎はまだ見たことがありません。

相撲 / 歌舞伎 / 見る

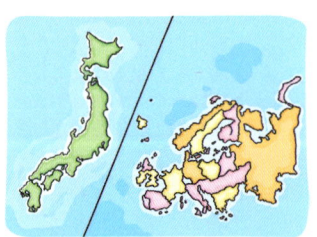

日本 / ヨーロッパ / 行く

梅干し / 納豆 / 食べる

✤ Vocabulary

相撲:＿＿＿＿＿＿＿＿ 歌舞伎:＿＿＿＿＿＿＿＿ ヨーロッパ:＿＿＿＿＿＿＿＿
梅干し:＿＿＿＿＿＿＿＿ 納豆:＿＿＿＿＿＿＿＿

Check Point

🟢 ～た ことがある (ない) : 経験(けいけん)

① A: 日本で野生(やせい)の猿(さる)を見たことがありますか。

B: いいえ、ありません。

② A: 奈良(なら)にはまだ行ったことがありません。

B: そうですか。奈良は静かでいい所(ところ)ですよ。

Let's Try

🟠 次の質問(しつもん)に答(こた)えてみましょう。

① A: あなたはペットを飼(か)ったことがありますか。

B: _____

② A: バンジージャンプをやったことがありますか。

B: _____

③ A: 日本語で面接(めんせつ)を受(う)けたことがありますか。

B: _____

④ A: 子供(こども)のころ、高い所から落(お)ちたことがありますか。

B: _____

飼(か)う:_____ バンジージャンプ:_____ やる:_____

面接(めんせつ):_____ 受(う)ける:_____ 落(お)ちる:_____

A: チンさん、日本に来てどれぐらいですか。

B: 来月（らいげつ）で2年です。

A: じゃあ、もう日本の生活（せいかつ）には慣（な）れましたね。

B: ええ、毎日楽（まいにちたの）しんでいます。

A: それはよかった。①日本でアルバイトをしたことはありますか。

B: はい。でも、②お皿洗（さらあら）いしかしたことがありません。

A: じゃ、他（ほか）に③どんなアルバイトをしたいですか。

B: 一度（いちど）、④中国語（ちゅうごくご）を教（おし）えたいです。

Vocabulary

慣（な）れる: ＿＿＿＿＿＿＿ 楽（たの）しむ: ＿＿＿＿＿＿＿ それはよかった: ＿＿＿＿＿＿＿

お皿洗（さらあら）い: ＿＿＿＿＿＿＿ 他（ほか）に: ＿＿＿＿＿＿＿

Pair Work

1 入れ替えて練習してみましょう。

(1) ① 日本国内を旅行する　② 京都 / 行く
　　③ どこを旅行する　　　④ 北海道に行く

(2) ① 日本で習い事をする　② 茶道 / する
　　③ どんな習い事をする　④ 日本舞踊を習う

(3) ① 日本でペットを飼う　② 猫 / 飼う
　　③ どんなペットを飼う　④ イグアナを飼う

2 アルバイトの経験について、友達と話してみましょう。

A: アルバイトをしたことがありますか。

B: _____

A: どんなアルバイトをしたいですか。

B: _____

Vocabulary

習い事: _____　茶道: _____　日本舞踊: _____

イグアナ: _____

1 ( )の動詞を適当な形に変えて、言ってみましょう。

> 例
> A: 清水さんは風邪を (引きました) <u>引いた</u> 時、どうしますか。
> B: 私は、まず寝ます。

① A: 山野さんはお金がたくさん入っている財布を (拾いました) ＿＿＿＿＿＿＿＿ 時、どうしますか。
B: もちろん交番に届けますよ。

② A: 海外旅行に行って道に (迷いました) ＿＿＿＿＿＿＿＿ 時、どうしますか。
B: そうですね……まずは交番を探します。

③ A: 怪しい人を (見かけました) ＿＿＿＿＿＿＿＿ 時、足立さんはどうしますか。
B: すぐに110番に連絡します。

④ A: 野村さんはパスワードを (忘れました) ＿＿＿＿＿＿＿＿ ことはありませんでしたか。
B: 何度もありますよ。

2 友達に聞いてみましょう。

> 例 (納豆を食べる)
> ➡ 納豆を食べたことがありますか。

① 中国語を勉強する　　② 海外旅行をする
③ ベトナム料理を食べる　　④ 芸能人に会う
⑤ 財布や携帯電話をなくす

✦ Vocabulary

まず:＿＿＿＿　探す:＿＿＿＿　パスワード:＿＿＿＿　何度も:＿＿＿＿
ベトナム:＿＿＿＿　芸能人:＿＿＿＿　なくす:＿＿＿＿

 **Listening** 🎧 10

1 よく聞いて、次の質問に答えてみましょう。

1) 昨日、どこに行ってきましたか。
_____

2) 一次会はどこへ行きましたか。
_____

3) カラオケではどんな歌を歌いましたか。
_____

4) バーでは何を飲みましたか。
_____

2 よく聞いて、例のように○か×を書きましょう。

	a. 鍋	b. 寿司		a. オーストラリア	b. カナダ
例	(○)	(×)	1	( )	( )
2	a. ピアノ ( )	b. 水泳 ( )	3	a. 犬 ( )	b. 猫 ( )

➕ **Vocabulary**

変わっていない: _____   ～次会: _____   居酒屋: _____

カラオケ: _____   流行る: _____

Unit 2   35

花火大会(はなびたいかい)

あなたは花火大会に行ったことがありますか。日本では毎年(まいとし)7月から8月にかけて各地(かくち)で200以上(いじょう)の花火大会をやります。日本三大(さんだい)花火大会は、秋田県(あきたけん)、茨城県(いばらぎけん)、新潟県(にいがたけん)でやる大会で、観光客(かんこうきゃく)がたくさん来ます。いろいろな夜店(よみせ)が出て、浴衣姿(ゆかたすがた)の人たちで賑(にぎ)わいます。

① 日本では毎年7月から8月にかけて、いくつぐらいの花火大会がありますか。

a. 20　　　　b. 200　　　　c. 2000

② 日本三大(さんだい)花火大会はどこでやりますか。正(ただ)しくないものを選(えら)んでください。

a. 秋田県(あきたけん)　　b. 岩手県(いわてけん)　　c. 新潟県(にいがたけん)

③ あなたの国(くに)では花火大会をやりますか。

_____

④ 小さい花火(はなび)で遊(あそ)んだことがありますか。

_____

● Vocabulary

花火大会(はなびたいかい): _____　　各地(かくち): _____　　観光客(かんこうきゃく): _____

夜店(よみせ): _____　　浴衣姿(ゆかたすがた): _____　　賑(にぎ)わう: _____

☆ 日本の祝日はいつ？！ ☆

1月1日	元日(がんじつ)
1月第2月曜日	成人(せいじん)の日(ひ)
2月11日	建国記念(けんこくきねん)の日
3月21日頃	春分(しゅんぶん)の日
4月29日	昭和(しょうわ)の日
5月3日	憲法記念日(けんぽうきねんび)
5月4日	国民(こくみん)の休日(きゅうじつ)
5月5日	こどもの日
7月第3月曜日	海(うみ)の日
9月第3月曜日	敬老(けいろう)の日
9月23日頃	秋分(しゅうぶん)の日
10月第2月曜日	体育(たいいく)の日
11月3日	文化(ぶんか)の日
11月23日	勤労感謝(きんろうかんしゃ)の日
12月23日	天皇誕生日(てんのうたんじょうび)

☆ ハッピーマンデーって何？ ☆

国民の祝日の一部を、特定の月曜日に変えて休みにしたもの。

- 成人の日：1月15日 → 1月の第2月曜日
- 海の日：7月20日 → 7月の第3月曜日
- 敬老の日：9月15日 → 9月の第3月曜日
- 体育の日：10月10日 → 10月の第2月曜日

☆ 振替休日って何？ ☆

祝日が日曜日の時、その次の日を休むこと。

Unit 3

Lesson Plan 🎧 12〜16

- 否定の「て形」を使って、文をつなぐ
- 二つ以上の事柄を並べる
- 理由を話す
- 試してみる

Activity 1 文をつないでみましょう。

A: ここは誰の部屋ですか。
B: ここは部屋ではなくてトイレです。

A: この部屋は南向きですか。
B: いいえ、南向きではなくて、ちょっと暗いです。

A: お父さんは頑固な方ですか。
B: いいえ、父は頑固ではなくて、少し口数が少ないだけです。

A: 寮生活はどうですか。
B: 寮の管理人が親切ではなくて、みんな困っています。

Vocabulary

南向き: _____ 頑固だ: _____ 口数が少ない: _____ 寮: _____
生活: _____ 管理人: _____ みんな: _____ 困る: _____

Check Point

① 名詞 + ではなくて (=じゃなくて)

① 彼女は友達ではなくて、私の姉です。(並列)
② 通勤時間じゃなくて、電車が空いていますね。(理由)

② な形容詞の語幹 + ではなくて (=じゃなくて)

① 彼はハンサムではなくて、魅力的ですよ。(並列)
② このバンドはあまり有名じゃなくて、コンサートに客がいませんね。(理由)

Let's Try

● 文脈に合うものを□の中から選んで、文をつないでみましょう。

① 会議は来週の月曜日ではありません。
➡ _____

② 大した怪我ではありません。
➡ _____

③ 子供の頃から体があまり丈夫ではありません。
➡ _____

④ どちらかと言うと、積極的ではありません。
➡ _____

a. 運動はあまりできません。	b. 来週の水曜日です。
c. 消極的な方です。	d. すぐ治りました。

通勤:_____　空く:_____　ハンサムだ:_____　魅力的だ:_____
大した:_____　怪我:_____　丈夫だ:_____　どちらかと言うと:_____
消極的だ:_____　治る:_____

Activity 2 新しい部屋はどうですか。

A: 新しい部屋はどうですか。
B: 家賃も高くなくて、駅からも近くて、とても便利です。

A: この部屋はちょっと暗いですね。
B: ええ、窓が大きくなくて、日当たりが悪いです。

Vocabulary

家賃:_____　　日当たり:_____

Check Point

🟢 **い形容詞の語幹 + くなくて**

① 環境もよくなくて、物価も高い所です。(並列)
② 天気も悪くなくて、とても楽しかったです。(理由)
③ 最近、お金がなくて、生活が大変です。(理由)

※ ない → なくて

Let's Try

● 文脈に合うものを□の中から選んで、文をつないでみましょう。

① 規則が厳しくありません。
➡ _____

② おいしくありませんでした。
➡ _____

③ 背は高くありません。
➡ _____

> a. ほとんど残しました。
> b. 自由な雰囲気です。
> c. 体は少し細い方です。

環境: _____　物価: _____　天気: _____　規則: _____
厳しい: _____　ほとんど: _____　残す: _____　自由だ: _____
雰囲気: _____　細い: _____

Activity 3 試してみましょう。

🎧 14

まだ納豆は食べたことがない / 一度食べる
➡ まだ納豆は食べたことがありません。
　一度食べてみます。

サイズがよく分からない / ちょっと着る
➡ _____
　_____

バンジージャンプはやったことがない /
一度挑戦する
➡ _____
　_____

Vocabulary

納豆: _____　　分かる: _____　　ちょっと: _____

やる: _____　　挑戦する: _____

Check Point

🟢 動詞 + てみる

① 案内所で聞いてみましょうか。
② その店にぜひ一度行ってみたいですね。
③ 次のマラソン大会ではフルコースに挑戦してみたいです。

Let's Try

●「～てみる」を使って、文を完成してみましょう。

① (聞く)
　A: これ、新曲ですか。
　B: いいえ、新曲じゃなくて、彼のデビュー曲ですよ。
　　聞いたことがありませんか。
　A: いいえ、ありません。ぜひ_____たいですね。

② (はく)
　A: スカートの丈はこのくらいでいいですか。
　B: ちょっと_____ます。ああ、ちょうどいいですね。

③
　A: あなたが今、挑戦してみたいことは何ですか。
　B: _____

案内所:_____　ぜひ:_____　マラソン大会:_____　フルコース:_____
新曲:_____　デビュー曲:_____　丈:_____　ちょうどいい:_____

Conversation

A: ①一人暮らしはどうですか。

B: 今は楽しいです。

A: 何か大変なことはありませんか。

B: そうですね。②日当たりがよくなくて、洗濯物が早く乾きません。

A: そうですか。

B: それから、③料理が上手じゃなくて、困っています。

A: それは大変ですね。

B: よかったら今度、④料理を教えてください。

A: ええ、いいですよ。

Vocabulary

一人暮らし:＿＿＿＿＿　洗濯物:＿＿＿＿＿　乾く:＿＿＿＿＿　よかったら:＿＿＿＿＿

1 入れ替えて練習してみましょう。

(1) ① 海外生活　　　② 周りの環境があまりよくない / 子供のことが心配だ
　　③ まだ英語が上手じゃない / 苦労している　　④ 英語を教える

(2) ① 新居　　　　　② 交通の便がよくない / 通勤に時間がかかる
　　③ 近くにスーパーがない / 困っている　　④ 買い物に付き合う

(3) ① 大学生活　　　② 学生食堂の食事がおいしくない / いつも残している
　　③ 授業の内容がやさしくない / 試験が心配だ　④ 勉強を教える

2 近況について、友達と話してみましょう。

A: 最近、どうですか。

B: _____

A: _____

B: _____

A: _____

B: _____

✚ Vocabulary

海外:_____　　苦労する:_____　　新居:_____　　内容:_____
やさしい:_____　心配だ:_____　　近況:_____

Unit 3　47

Exercise

1 例のように言ってみましょう。

> 例 (バンジージャンプをする)
> A: 今年、挑戦してみたいことは何ですか。
> B: バンジージャンプをしてみたいです。

① 友達とバンドを組んで、ライブハウスに出る　② ホノルルマラソンに出場する
③ ミュージカルの舞台に立つ　　　　　　　　　④ 日本全国を自転車で旅行する
⑤ 自分の店を持つ

2 (　)の部分を「て形」にして、言ってみましょう。

① A: このコピー機、どうですか。
　 B: 使い方が＿＿＿＿＿＿＿＿＿＿、みんな苦労しています。
　　　　　　　(簡単じゃありません)

② A: 学校の雰囲気はどうですか。
　 B: あまり＿＿＿＿＿＿＿＿＿＿、楽しくありません。
　　　　　　(自由がない)

③ A: 夏休みは来週の金曜日からですか。
　 B: いいえ、＿＿＿＿＿＿＿＿＿＿水曜日からです。
　　　　　　(金曜日からじゃありません)

④ A: 伊藤さんのお兄さんはやさしいですか。
　 B: いえ、あまり＿＿＿＿＿＿＿＿、どちらかと言うと、気難しいです。
　　　　　　　(やさしくありません)

Vocabulary

バンドを組む:＿＿＿　　ライブハウス:＿＿＿　　出場する:＿＿＿
ミュージカル:＿＿＿　　舞台:＿＿＿　　　　　　立つ:＿＿＿
自分:＿＿＿　　　　　　苦労する:＿＿＿　　　　気難しい:＿＿＿

Listening 🎧16

● よく聞いて、例のように記号を書きましょう。

a.
b.
c.
d.
e.
f.

例	1	2	3	4	5
f					

🍊 Vocabulary

職員室:＿＿＿＿＿＿＿＿　この間:＿＿＿＿＿＿＿＿　困る:＿＿＿＿＿＿＿＿

Unit 3　49

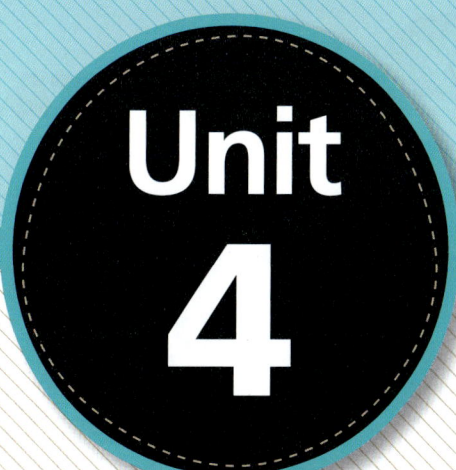

Unit 4

Lesson Plan

- 成立しない原因・理由を話す
- 状態を話す
- 対比して話す
- 同じ状態が続いている様子を話す

Activity 1 理由を言ってみましょう。

🎧 17

仕事が終わらない / 大変だ

一緒に仕事ができない / 残念だ

道が込まない / 早く着く

サイズが合わない / サイズを交換する

A: 昨日は帰りが遅かったですか。
B: ええ、夜遅くまで仕事が終わらなくて、大変でした。

✤ Vocabulary

大変だ:＿＿＿＿＿　できる:＿＿＿＿＿　残念だ:＿＿＿＿＿　道が込む:＿＿＿＿＿
着く:＿＿＿＿＿　合う:＿＿＿＿＿　交換する:＿＿＿＿＿　帰り:＿＿＿＿＿

Check Point

🟢 動詞の「ない形」+ なくて：理由・原因

① 今年の夏は、雨が降らなくて困っています。

② 道が分からなくて、交番で聞きました。

③ アルバイト先が見つからなくて苦労しています。

Let's Try

🟠 次の言葉を使って、その理由を言ってみましょう。

① (サイズが合わない / サイズを交換しに行く)
　A: 素敵なデザインですね。
　B: ええ、でも＿＿＿＿＿＿＿＿＿＿＿＿＿＿＿＿＿＿＿＿＿＿＿

② (道が込まない / 少し早く着く)
　A: あら、林さん、早かったですね。
　B: ＿＿＿＿＿＿＿＿＿＿＿＿＿＿＿＿＿＿＿＿＿＿＿

③ (一緒に仕事ができない / 残念だ)
　A: 清水さんは明日から北海道ですか。
　B: はい、＿＿＿＿＿＿＿＿＿＿＿＿＿＿＿＿＿＿＿＿＿

降る:＿＿＿＿＿　困る:＿＿＿＿＿　交番:＿＿＿＿＿　アルバイト先:＿＿＿＿＿
見つかる:＿＿＿＿＿　苦労する:＿＿＿＿＿　素敵だ:＿＿＿＿＿　デザイン:＿＿＿＿＿

Activity 2 どんな状況（じょうきょう）でしましたか。

服（ふく）も着替（きが）えない / 寝（ね）る

靴（くつ）もはかない / 飛（と）び出（だ）す

相談（そうだん）しない / 一人（ひとり）で決（き）める

週末（しゅうまつ）も休（やす）まない / 頑張（がんば）っている

A: 残業（ざんぎょう）が多（おお）くて、大変ですね。
B: ゆうべは疲（つか）れて、服（ふく）も着替（きが）えないで寝ました。

Vocabulary

服（ふく）: _____　着替える（きがえる）: _____　飛び出す（とびだす）: _____　相談する（そうだんする）: _____
決める（きめる）: _____　残業（ざんぎょう）: _____　疲れる（つかれる）: _____

Check Point

🟢 動詞の「ない形」＋ないで：状態・対比

① 本を見ないで書いてください。
② 彼は何も言わないで、部屋から出ていきました。
③ カッターで切らないで、ハサミを使ってください。
④ 最後まであきらめないで、頑張ってください。

Let's Try

🟠 次の言葉を使って、会話を完成してみましょう。

① (靴もはかない / 飛び出す)
　A: あれ？今のはお兄さんではありませんか。
　B: ええ、犬を探しに、＿＿＿＿＿＿＿＿＿＿＿＿＿＿

② (週末も休まない / 頑張っている)
　A: 息子さん、もうすぐ受験ですね。
　B: はい、それで＿＿＿＿＿＿＿＿＿＿＿＿＿＿

③ (相談しない / 一人で決める)
　A: 親と＿＿＿＿＿＿＿＿＿＿＿＿＿＿＿＿＿＿ましたか。
　B: ええ、これは僕の問題ですから、大丈夫です。

カッター:＿＿＿＿＿＿　　切る:＿＿＿＿＿＿　　ハサミ:＿＿＿＿＿＿
最後:＿＿＿＿＿＿　　　あきらめる:＿＿＿＿＿　探す:＿＿＿＿＿＿
受験:＿＿＿＿＿＿　　　親:＿＿＿＿＿＿　　　大丈夫だ:＿＿＿＿＿

Activity 3 どんな状態が続いていますか。

仕事はしない / 怠ける

片付けない / 散らかす

下がらない / 上がる

人の話を聞かない / 一人で話す

A: 高橋さんはどこですか。
B: ロビーか屋上ですよ。仕事はしないで、いつも怠けてばかりいます。

✦ Vocabulary

怠ける:＿＿＿＿　片付ける:＿＿＿＿　散らかす:＿＿＿＿　下がる:＿＿＿＿

上がる:＿＿＿＿　ロビー:＿＿＿＿　屋上:＿＿＿＿

Check Point

● 動詞の「て形」+ ばかりいる

① 勉強はしないで、遊んでばかりいます。
② 運動は全然しないで、食べてばかりいます。
③ 彼と別れてからは、毎日泣いてばかりいます。

Let's Try

● 「〜てばかりいる」を使って、会話を完成してください。

① (人の話は全く聞かない / さっきから一人で話す)
A: 竹内さん、本当によくしゃべりますね。
B: _____

② (誰も片付けない / みんな散らかす)
A: _____
B: 子供がいる所は、どこも同じですよ。

③ (物価は下がらない / 上がる)
A: _____
B: うちの家計は火の車です。

別れる: _____ 泣く: _____ 全く: _____
さっきから: _____ しゃべる: _____ 物価: _____
家計: _____ 火の車: _____

Conversation

A: 今日はどうして遅刻しましたか。

B: すみません、①仕事がなかなか終わらなくて……。

A: じゃあ、電話してくださいよ。

B: それが、携帯も持っていなくて……ごめんなさい。

A: 携帯、なくしましたか。

B: ②いえ、朝出かける時に、携帯を持たないで出てきて……。

A: ああ、そうでしたか。

B: 本当にすみませんでした。

Vocabulary

なくす: _____　　出かける: _____

Pair Work

1 入れ替えて練習してみましょう。

(1) ① 子供の体の具合がよくない
　　② いえ、病院へ行く時に携帯を持たない / 出てくる

(2) ① 道が分からない
　　② ええ、バスを降りる時に確認しない / 降りる

(3) ① お客さんがなかなか帰らない
　　② いえ、昨日友達の家に行った時にかばんに入れない / 置いてくる

2 遅刻した理由について、話してみましょう。

A: 今日はどうして遅刻しましたか。

B: _____

A: じゃあ、電話してくださいよ。

B: _____

A: 携帯、なくしましたか。

B: _____

✚ Vocabulary

確認する: _____　　入れる: _____

Exercise

● ＿＿の部分に「なくて」または「ないで」の形を入れて、言ってみましょう。

① A: 飯田さんと一緒に仕事が＿＿＿＿＿＿＿＿＿＿とても残念です。
   B: ええ、本当に。 (できない)

② A: 昨日はとっても疲れたでしょう。
   B: ええ、昨日はシャワーも＿＿＿＿＿＿＿＿＿＿寝てしまいました。 (浴びない)

③ A: このリップスティック、きれいな色ですね。
   B: 今、流行りの色ですけど、私にはあまり＿＿＿＿＿＿＿＿＿＿よくつけません。 (似合わない)

④ A: 尾関さん、よくしゃべりますね。
   B: ええ、人の話は全然＿＿＿＿＿＿、さっきから一人で話してばかりいますね。 (聞かない)

⑤ A: ご主人、最近どうですか。
   B: まだ新しい仕事が＿＿＿＿＿＿＿＿＿＿焦っています。 (見つからない)

⑥ A: どこに行ってきましたか。
   B: この問題の答えが＿＿＿＿＿＿＿＿＿＿、先生に聞きに行ってきました。 (分からない)

⑦ A: 辞書は＿＿＿＿＿＿＿＿＿＿書いてみてくださいね。 (見ない)
   B: え、それはちょっと難しいです。

⑧ A: 今日も遅かったですね。
   B: ええ、実験がなかなか＿＿＿＿＿＿＿＿＿＿……。 (終わらない)

Vocabulary

シャワーを浴びる:＿＿＿　　リップスティック:＿＿＿　　流行り:＿＿＿
似合う:＿＿＿　　つける:＿＿＿　　焦る:＿＿＿
見つかる:＿＿＿　　実験:＿＿＿

● よく聞いて、例のように正しい方に○をつけてください。

1) a. 　b.

2) a. 　b.

3) a. 　b.

4) a.　b.

5) a.　b.

6) a.　b.

Vocabulary

性格が合う:＿＿＿＿＿＿＿＿　けんか:＿＿＿＿＿＿＿＿

Unit 5

Lesson Plan 🎧 22〜26

- 休みの過ごし方について話す
- 事柄の前後の順序を話す
- 形容詞の副詞形を学ぶ

Activity 1 休みの日の過ごし方について話してみましょう。

🎧 22

山登りをする / 自転車に乗る

掃除をする / 料理を作る

友達と映画を見る / 音楽を聞く

買い物に行く / 洗濯をする

犬と散歩する / 友達に会う

本を読む / 部屋を片付ける

A: 休みの日に何をしますか。
B: 山登りをしたり、自転車に乗ったりします。

Vocabulary

山登り:＿＿＿＿＿＿＿＿　　掃除:＿＿＿＿＿＿＿＿　　洗濯:＿＿＿＿＿＿＿＿

散歩する:＿＿＿＿＿＿＿＿　片付ける:＿＿＿＿＿＿＿＿

Check Point

🟢 **～たり(だり)～たり(だり)する**

① 会議は月曜日だったり水曜日だったりします。
② 場所によって、静かだったり賑やかだったりします。
③ 最近の秋は暑かったり寒かったりしますね。
④ 事故かな？ さっきからパトカーが行ったり来たりしていますね。

Let's Try

🔴 「～たり～たりする」を使って、質問に答えてみましょう。

① (野球をする / 川で水遊びをする)

A: 子供の頃、何をして遊びましたか。

B: _____

② (曇り / 雨)

A: そちらの天気はどうですか。

B: _____、あまりよくありません。

③ (風呂に入る / パソコンでチャットをする)

A: 家に帰って何をしますか。

B: _____

④ (売上げがいい / 悪い)

A: お店はうまくいっていますか。

B: そうですね。 _____、まだ安定していません。

～によって:_____　賑やかだ:_____　事故:_____　パトカー:_____
水遊び:_____　曇り:_____　パソコン:_____　チャット:_____
売上げ:_____　うまくいく:_____　安定する:_____

Activity 2 順序を言ってみましょう。

  それから

美容院で髪を切る。　　　　　　　　　　　　　友達に会う。

→ 友達に会う前に、美容院で髪を切ります。
→ 美容院で髪を切った後で、友達に会います。
　（＝美容院で髪を切ってから、友達に会います。）

 それから

洗濯物を入れる。　　　　　　　　　　　　　ふたをしてお金を入れる。

→ ＿＿＿＿＿＿＿＿＿＿＿＿＿＿＿＿＿＿＿＿＿＿＿＿＿＿＿
→ ＿＿＿＿＿＿＿＿＿＿＿＿＿＿＿＿＿＿＿＿＿＿＿＿＿＿＿

 それから

書類をちゃんと確認する。　　　　　　　　　取引先と連絡を取る。

→ ＿＿＿＿＿＿＿＿＿＿＿＿＿＿＿＿＿＿＿＿＿＿＿＿＿＿＿
→ ＿＿＿＿＿＿＿＿＿＿＿＿＿＿＿＿＿＿＿＿＿＿＿＿＿＿＿

Vocabulary

美容院:＿＿＿＿＿＿＿　髪:＿＿＿＿＿＿＿＿＿＿　洗濯物:＿＿＿＿＿＿＿
ふたをする:＿＿＿＿＿　取引先:＿＿＿＿＿＿＿＿　連絡を取る:＿＿＿＿＿

Check Point

1 動詞の基本形 + 前に

① 訪問する前に、ご連絡します。
② 出掛ける前に、窓を閉めてください。
③ プールに入る前に、準備運動をしましょう。

2 動詞の「た形」+ 後で (=〜てから)

① みんなが帰った後で、私が片付けます。
　➡ みんなが帰ってから、私が片付けます。
② 映画を見た後で、どんぶりを食べに行きましょうか。
　➡ 映画を見てから、どんぶりを食べに行きましょうか。

Let's Try

● 「〜前に」「〜後で」を使って言い換えてみましょう。

① 手を洗う。それから、食事をする。
　➡ ＿＿＿＿＿＿＿＿＿＿＿＿＿＿＿＿＿てください。
　➡ ＿＿＿＿＿＿＿＿＿＿＿＿＿＿＿＿＿てください。

② 予算を考える。それから、計画を立てる。
　➡ ＿＿＿＿＿＿＿＿＿＿＿＿＿＿＿＿＿ましょう。
　➡ ＿＿＿＿＿＿＿＿＿＿＿＿＿＿＿＿＿ましょう。

③ みんなの意見を聞く。それから、予約を入れる。
　➡ ＿＿＿＿＿＿＿＿＿＿＿＿＿＿＿＿＿ましょう。
　➡ ＿＿＿＿＿＿＿＿＿＿＿＿＿＿＿＿＿ましょう。

訪問する:＿＿＿　出掛ける:＿＿＿　準備運動:＿＿＿　どんぶり:＿＿＿
洗う:＿＿＿　予算:＿＿＿　計画:＿＿＿　立てる:＿＿＿
意見:＿＿＿　予約を入れる:＿＿＿

Activity 3 どのようにしますか。

A: 今日はどうなさいますか。
B: 前髪を短く切ってください。
A: 横はどうしましょうか。
B: きれいに揃えてください。

● **Vocabulary**

どう:＿＿＿＿＿　なさる:＿＿＿＿＿　前髪:＿＿＿＿＿　揃える:＿＿＿＿＿

Check Point

1 い形容詞の副詞形：〜い → 〜く

　　① ここからはよく見えませんね。（いい → よく）
　　② ここは長く発音してください。（長い → 長く）
　　③ 屋根は赤く塗りましょう。（赤い → 赤く）

2 な形容詞の副詞形：〜だ → 〜に

　　① ここをきれいに片付けてください。（きれいだ → きれいに）
　　② みんな真剣に話し合っています。（真剣だ → 真剣に）
　　③ こちらのコンピューターは自由に使ってください。（自由だ → 自由に）

Let's Try

● (　)の中に適当な形容詞の副詞形を入れてみましょう。

　　① よく聞こえません。すみませんが、もう少し(　　　　)言ってください。
　　② 難しいですか。じゃ、もっと(　　　　)説明します。
　　③ 道が込まなくて、30分も(　　　　)着きました。
　　④ 赤ちゃんが寝ています。少し(　　　　)してください。

発音する:＿＿＿＿＿＿　　屋根:＿＿＿＿＿＿　　塗る:＿＿＿＿＿＿
真剣だ:＿＿＿＿＿＿　　話し合う:＿＿＿＿＿＿　　自由だ:＿＿＿＿＿＿
難しい:＿＿＿＿＿＿　　説明する:＿＿＿＿＿＿　　赤ちゃん:＿＿＿＿＿＿

A: 今週末は3連休ですね。

B: ええ。山内さん、何か予定はありますか。

A: いいえ、まだ特にありません。

B: 休みの日はいつも何をしますか。

A: そうですね、①山登りをしたりサイクリングをしたりします。上原さんは?

B: 私はたいてい②家で本を読んだり料理を作ったりして過ごします。

A: そうですか。じゃ、今度の連休、一緒に③山登りしませんか。

B: ええ、いいですね。

 **Pair Work**

1 入れ替えて練習してみましょう。

(1) ① 野球を見に行く / サッカーを見に行く
② 家で掃除をする / 洗濯をする　　　　　③ サッカーを見に行く

(2) ① 映画を見る / ショッピングをする
② 家でインターネットをする / 本を読む　　③ 映画を見る

(3) ① おいしいものを食べに行く / 美術館に行く
② 犬と散歩する / 庭の手入れをする　　　③ おいしいものを食べに行く

2 休みの日の過ごし方について、友達と話してみましょう。

A: 休みの日はいつも何をしますか。

B: ＿＿＿＿＿＿＿＿＿＿＿＿＿＿＿＿＿＿＿＿＿＿＿＿＿＿＿

A: ＿＿＿＿＿＿＿＿＿＿＿＿＿＿＿＿＿＿＿＿＿＿＿＿＿＿＿

B: ＿＿＿＿＿＿＿＿＿＿＿＿＿＿＿＿＿＿＿＿＿＿＿＿＿＿＿

A: ＿＿＿＿＿＿＿＿＿＿＿＿＿＿＿＿＿＿＿＿＿＿＿＿＿＿＿

Vocabulary

美術館:＿＿＿＿＿＿＿＿　庭:＿＿＿＿＿＿＿＿　手入れをする:＿＿＿＿＿＿＿＿

Exercise

1 _____の部分に適当な言葉を入れて、言ってみましょう。

① A: 髪、けっこうのびましたね。
　 B: ええ、だから今日、恋人に_____前に美容院に行って髪を切ります。

② A: 進路を_____前に、まずは親とよく相談してください。
　 B: はい、わかりました。

③ A: 私がお店に予約を入れます。
　 B: じゃ、みんなの意見をちゃんと_____てから予約を入れてくださいね。

④ A: 部屋の掃除を_____後でDVDを見ましょう。
　 B: はい、それじゃあ、みんなで早く掃除します。

2 (　)の言葉を「～たり～たり」の形にして言ってみましょう。

① (休む / 休まない)
　 A: 定休日はいつですか。
　 B: 特にありません。_____します。

② (肉料理 / 魚料理)
　 A: あのレストランのランチ、メインは何ですか。
　 B: 日によって、_____します。

③ (上がる / 下がる)
　 A: お父さんの具合はどうですか。
　 B: 血圧が_____して、あまりよくありません。

Vocabulary

のびる:_____　　定休日:_____　　特に:_____
メイン:_____　　具合い:_____　　血圧:_____

Listening 🎧 26

● よく聞いて、例のように記号を書きましょう。

a. 　b. 　c.

d. 　e. 　f.

g. 　h. 　i.

j. 　k.

例	1	2	3
g, h			

✿ Vocabulary

魚をとる: _____　大嫌いだ: _____　真面目だ: _____　バレエ: _____

水泳: _____　お手伝い: _____　世話をする: _____　たまに: _____

Unit 5　73

Unit 6

Lesson Plan  27〜32

- 変化について話す
- 結果について話す

Activity 1

将来の夢を話してみましょう。

🎧 27

> A: 竹田君の将来の夢は何ですか。
> B: 僕の夢はサッカー選手になることです。

竹田 / サッカー選手

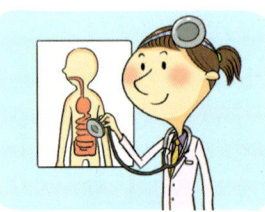
木下 / 医者

池田 / 弁護士

林 / 芸能人

✚ Vocabulary

君: _____
将来: _____
夢: _____

サッカー: _____
選手: _____
〜こと: _____

弁護士: _____
芸能人: _____

Check Point

1 名詞 + に なる

① 娘は今年二十歳になります。
② 春になりました。花がきれいに咲いています。
③ もうこんな時間になりましたか。じゃ、そろそろ帰りましょうか。

2 な形容詞の語幹 + に なる

① 近くに駅ができて、便利になりました。
② 工事が終わって、今はだいぶ静かになりました。
③ 風邪が治って、すっかり元気になりました。

Let's Try

● 「なる」を使って、文を完成してください。

① (化学者)
僕は将来、＿＿＿＿＿＿＿＿＿＿なりたいです。

② (週休二日制)
＿＿＿＿＿＿＿＿＿＿て、週末は道がもっと込みますよ。

③ (賑やかだ)
大きなデパートができて、ここもずいぶん＿＿＿＿＿＿＿＿＿ましたね。

④ (丈夫だ)
ジョギングで、今は体が＿＿＿＿＿＿＿＿＿ました。

娘:＿＿＿＿　咲く:＿＿＿＿　そろそろ:＿＿＿＿　工事:＿＿＿＿
風邪:＿＿＿＿　治る:＿＿＿＿　すっかり:＿＿＿＿　化学者:＿＿＿＿
週休二日制:＿＿＿＿　もっと:＿＿＿＿　ずいぶん:＿＿＿＿　丈夫:＿＿＿＿
ジョギング:＿＿＿＿

Activity 2 どう変わりましたか。

8月までは蒸し暑かった。

9月になって少し涼しい。

→ 8月までは蒸し暑かったですが、9月になって少し涼しくなりました。

先週までは暇だった。

月末から忙しい。

→ _____が、_____

熱が下がった。

気分がだいぶいい。

→ _____て、_____

Vocabulary

蒸し暑い:＿＿＿＿＿　　涼しい:＿＿＿＿＿　　暇だ:＿＿＿＿＿
月末:＿＿＿＿＿　　　忙しい:＿＿＿＿＿　　下がる:＿＿＿＿＿

78　わくわく 日本語 初級2

Check Point

1 い形容詞の語幹 + くなる

① 急に寒くなりましたね。
② 塩とこしょうを少し入れてください。さっきよりおいしくなりますよ。
③ 生活環境はもっと悪くなりました。
④ 授業が退屈で、眠くなります。

2 いい → よくなる / ない → なくなる

① この辺は公園ができて、環境がずいぶんよくなりましたね。
② ここにあった小さなラーメン屋、なくなりましたか。
③ もうレコードはあまり聞かなくなりましたね。

Let's Try

● 「なる」を使って、文を完成してください。

① (横断歩道がない)
　_____て、とっても不便です。

② (会社が遠い)
　引っ越しをして、前より_____。

③ (生活が苦しい)
　物価が上がって、_____。

④ (本を読まない)
　最近の子供は_____。

急に:_____　　塩:_____　　こしょう:_____　　さっきより:_____
生活環境:_____　　授業:_____　　退屈だ:_____　　眠い:_____
横断歩道:_____　　とっても:_____　　引っ越し:_____　　苦しい:_____
物価:_____　　上がる:_____

Activity 3 どんな結果になりましたか。

🎧 29

人事異動があった。

企画室に移る

➡ 人事異動があって、企画室に移ることになりました。

課長は忙しい。

僕一人で行く。

➡ _____

就職が決まった。

来週から銀行に勤める。

➡ _____

準備が足りない。

今回は参加しない。

➡ _____

✿ Vocabulary

人事異動: _____　企画室: _____　移る: _____
課長: _____　就職: _____　勤める: _____
足りる: _____

Check Point

🟢 動詞の基本形・ない形 + ことに なる

① 今度、大阪支店に移ることになりました。
② うちの課は小泉さんが発表することになりました。
③ 来年は新入社員を採らないことになりました。
④ 今年は大会に参加しないことになりました。

Let's Try

🟠 「〜ことになる」を使って、どう決まったか言ってみましょう。

① 転勤が決まりました。それで、来月引っ越します。

　➡ _____

② 予算が少ないです。それで、特別ゲストは呼びません。

　➡ _____

③ 有給休暇をもらいました。それで、研修に行ってきます。

　➡ _____

支店:＿＿＿＿＿　課:＿＿＿＿＿　発表する:＿＿＿＿＿　新入社員:＿＿＿＿＿
採る:＿＿＿＿＿　大会:＿＿＿＿＿　転勤:＿＿＿＿＿　引っ越す:＿＿＿＿＿
特別ゲスト:＿＿＿＿＿　呼ぶ:＿＿＿＿＿　有給休暇:＿＿＿＿＿　もらう:＿＿＿＿＿
研修:＿＿＿＿＿

Conversation

A: お久しぶりです。お元気でしたか。

B: あ、久しぶりですね！何年ぶりですか。

A: ええと、10年ぶりになりますね。

B: 久しぶりの①故郷はどうですか。

A: すごく変わっていて、びっくりしました。

B: ②駅前に大きなデパートができて、とても賑やかになったでしょう。

A: ええ、それに、③街が全体的にきれいになりましたね。

B: また時々遊びに来てください。

A: はい、そうします。

● Vocabulary

久しぶり：_____　　～ぶり：_____　　故郷：_____

びっくりする：_____　　時々：_____

Pair Work

1 入れ替えて練習してみましょう。

(1) ① 母校　　　　　　② 大学の近くに地下鉄の駅ができる / とても便利だ
　　③ 図書館も新しい

(2) ① 故郷　　　　　　② 事務所をリフォームする / 居心地がいい
　　③ 周りの環境も静かだ

(3) ① 実家　　　　　　② 近くに美術館ができる / いい環境だ
　　③ 雰囲気が前よりも明るい

2 久しぶりに行った場所について、友達と話してみましょう。

A: 久しぶりの_____はどうですか。

B: _____

A: _____

B: _____

Vocabulary

母校:_____　　リフォームする:_____　　居心地がいい:_____
雰囲気:_____　　明るい:_____

Exercise

1 ＿＿＿の部分を「～になる」または「～くなる」を使って、言ってみましょう。

① A: 近くに大きいスーパーができて、買い物が＿＿＿＿＿＿＿＿＿＿＿＿＿＿＿＿。
　 B: それはよかったですね。　　　　　　　　　　　　　　　　(便利です)

② A: 新しい家庭教師の先生はどうですか。
　 B: とてもいい先生で、娘の成績も＿＿＿＿＿＿＿＿＿＿＿＿＿＿。(いいです)

③ A: 星野さんは今、何年生ですか。
　 B: 今年、＿＿＿＿＿＿＿＿＿＿＿＿＿＿。(四年生です)

④ A: 部屋が前よりも＿＿＿＿＿＿＿＿＿＿＿＿＿＿ね。(きれいです)
　 B: 昨日、一生懸命掃除しました。

2 ＿＿＿の部分を「～ことになる」を使って、言ってみましょう。

① A: 今年は特別ゲスト、誰が来ますか。
　 B: それが、今年は予算が少なくて、ゲストは＿＿＿＿＿＿＿＿＿＿＿＿。
　　　　　　　　　　　　　　　　　　　　　　　　　　　(呼びません)

② A: 就職活動、どうですか。
　 B: はい、先週やっと決まって、来月から＿＿＿＿＿＿＿＿＿＿＿＿。
　　　　　　　　　　　　　　　　　　　　　　　　　(出勤します)

③ A: 検査の結果はどうでしたか。
　 B: それが……明日から＿＿＿＿＿＿＿＿＿＿＿＿＿＿。(入院します)

④ A: 日曜日はご主人も参加しますか。
　 B: 夫は忙しくて、＿＿＿＿＿＿＿＿＿＿＿＿＿＿。(参加しません)

Vocabulary

家庭教師:＿＿＿＿　成績:＿＿＿＿　一生懸命:＿＿＿＿　就職活動:＿＿＿＿
やっと:＿＿＿＿　検査:＿＿＿＿　結果:＿＿＿＿　入院:＿＿＿＿

1 よく聞いて、例のように記号を書きましょう。

a. 　b. 　c.

d. 　e. 　f.

例	1	2	3	4
f				

2 よく聞いて、例のように記号を書きましょう。

a. 　b. 　c.

d. 　e.

例	1	2	3
a			

Vocabulary

実は:＿＿＿＿＿＿＿＿　　増える:＿＿＿＿＿＿＿＿　　哲学:＿＿＿＿＿＿＿＿

経済学:＿＿＿＿＿＿＿＿　新聞記者:＿＿＿＿＿＿＿＿　作家:＿＿＿＿＿＿＿＿

世界中:＿＿＿＿＿＿＿＿　スチュワーデス:＿＿＿＿＿＿＿＿

日本人の平均寿命

日本人の平均寿命は長いです。特に女の人は86.05歳で、世界の中でもトップクラスです。寿命が長い理由は、乳児死亡率が低くなって、食べる量が少ないからです。男の人の平均寿命は79.29歳で、女の人より長くありません。

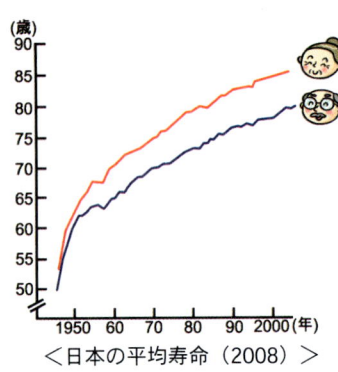

＜日本の平均寿命（2008）＞

1 日本人の女の人の平均寿命は何歳ですか。

a. 約79歳　　　b. 約82歳　　　c. 約86歳

2 寿命が長い理由は何ですか。
_____

3 あなたの国の男女の平均寿命は何歳ですか。
_____

4 あなたは何歳まで生きたいですか。
_____

Vocabulary

平均寿命:_____　トップクラス:_____　乳児:_____　死亡率:_____
量:_____　約〜:_____　生きる:_____

86　わくわく 日本語 初級2

☆ 慣用句 (1) ☆

- 顔が広い
  - 例: 内藤さんは社内でとても顔が広いです。

- 目がない
  - 例: 僕の彼女は甘いものに目がありません。

- 鼻が高い
  - 例: 息子が有名な大学に合格したので私も鼻が高いです。

- 耳にたこができる
  - 例: その話はもう何回も聞いて、耳にたこができるほどです。

- 口を出す
  - 例: あなたは口を出さないでください。

- 手を焼く
  - 例: この子のいたずらにはほとほと手を焼いています。

- 足を運ぶ
  - 例: 何度も足を運んで、やっと面会できました。

- 指をくわえる
  - 例: 私はただ、指をくわえて見ていただけでした。

Unit 7

Lesson Plan 🎧 33〜37

- 意図的な変化について話す
- 決定する
- 決心する
- ある時点までに完了した事柄を話す

Activity 1 どうするか決めましょう。

A: パンフレットのデザイン、もう決まりましたか。
B: いや、まだ決まっていません。
A: このデザインはどうですか。
　 シンプルでいいですね。
B: じゃ、これにしましょうか。

◆ Vocabulary

パンフレット:＿＿＿＿　　決まる:＿＿＿＿＿　　シンプルだ:＿＿＿＿

Check Point

1 名詞 + に する

① 今度の打ち合わせは、来週の金曜日にしましょう。
② 支払いは分割払いにします。
③ 出産祝いは赤ちゃんの服にしましょうか。

2 な形容詞の語幹 + に する

① うるさくて、勉強ができません。静かにしてください。
② 大掃除ですから、すみずみまできれいにしましょう。
③ 話を複雑にしないでください。

3 もう〜ました(か) / まだ〜ていません

① A: 取引先にはもうメールを送りましたか。
　 B: はい、もう送りました。
② A: ホテルの予約はもう確認しましたか。
　 B: いいえ、まだしていません(=まだです)。

Let's Try

● あなたは市長になりました。どこをどう変えますか。
「〜にする」を使って書いてみましょう。

・ 例 ここを文化都市にしたいです。　・ _____
・ _____　　　　　　　　　　　・ _____
・ _____　　　　　　　　　　　・ _____

打ち合わせ: _____　支払い: _____　分割払い: _____　出産祝い: _____
うるさい: _____　大掃除: _____　すみずみ: _____　複雑だ: _____
取引先: _____　送る: _____　市長: _____　変える: _____
文化都市: _____

Activity 2 どう変えたいですか。

🎧 34

もう少し広い

A: 玄関の入り口と台所がちょっと狭いですね。
B: そうですか。じゃ、そこをもう少し広くしましょうか。

あと3センチ短い

A: スカートの丈が少し長いです。
B: じゃ、＿＿＿＿＿＿＿＿＿＿＿＿＿＿＿＿ましょうか。

二つに分けて軽い

A: この箱は重くて、一人で運べません。
B: ＿＿＿＿＿＿＿＿＿＿＿＿＿＿＿＿ましょう。

✿ Vocabulary

玄関:＿＿＿＿＿＿　入り口:＿＿＿＿＿＿　台所:＿＿＿＿＿＿
狭い:＿＿＿＿＿＿　丈:＿＿＿＿＿＿　重い:＿＿＿＿＿＿
運べる:＿＿＿＿＿＿　分ける:＿＿＿＿＿＿　軽い:＿＿＿＿＿＿

Check Point

● い形容詞の語幹 + くする

① ボリュームを少し**大きく**してください。
② **冷たく**して食べてください。
③ 風邪のときは、**暖かく**して寝るのが一番です。
④ これは人間関係を**よくする**お守りですよ。

※いい → よくする

Let's Try

● あなたは家のリフォームを考えています。どこをどう変えたいですか。

どこを?	どう変えたい?

ボリューム:＿＿＿＿　冷たい:＿＿＿＿　暖かい:＿＿＿＿
一番だ:＿＿＿＿　人間関係:＿＿＿＿　お守り:＿＿＿＿
リフォーム:＿＿＿＿　考える:＿＿＿＿

Activity 3 どのように決定・決心しましたか。

🎧 35

日本の企業について発表する

A: プレゼンテーションのテーマはもう決まりましたか。
B: はい、日本の企業について発表することにしました。

レンタカーを借りる

A: 金沢さんの車で行きますか。
B: いいえ、＿＿＿＿＿＿＿＿＿＿＿＿＿＿＿＿。

今月からタバコをやめる

A: ここは禁煙席ですけど、大丈夫ですか。
B: はい、＿＿＿＿＿＿＿＿＿＿＿＿＿＿＿＿。

✿ Vocabulary

プレゼンテーション:＿＿＿＿　テーマ:＿＿＿＿＿　決まる:＿＿＿＿＿
企業:＿＿＿＿＿＿＿＿＿＿　レンタカー:＿＿＿＿＿　借りる:＿＿＿＿＿
やめる:＿＿＿＿＿＿＿＿　禁煙席:＿＿＿＿＿＿

Check Point

🟢 動詞の基本形・ない形 + ことに する

① 京都では旅館に泊まることにしました。
② 寮に入ることにしました。
③ これから、たばこは吸わないことにしました。
④ 当分アルバイトはしないことにしました。

Let's Try

●「～ことにする」を使って、会話を完成してください。

① (引っ越しセンターに頼む)
　A: 引っ越しの準備はうまくいっていますか。
　B: はい、荷物が多くて、＿＿＿＿＿＿＿＿＿＿＿＿＿＿

② (もう一度挑戦する)
　A: 来年、また入試を受けますか。
　B: はい、＿＿＿＿＿＿＿＿＿＿＿＿＿＿＿＿＿＿＿＿

③ (お酒もタバコもやめる)
　A: 僕、＿＿＿＿＿＿＿＿＿＿＿＿＿＿＿＿＿＿＿＿＿
　B: よく決心しましたね。

泊まる:＿＿＿＿＿＿　当分:＿＿＿＿＿＿　引っ越しセンター:＿＿＿＿＿
頼む:＿＿＿＿＿＿　　荷物:＿＿＿＿＿＿　挑戦する:＿＿＿＿＿＿＿＿
入試を受ける:＿＿＿＿　決心する:＿＿＿＿＿＿

A: ①松本さんの歓迎会、どこにしますか。

B: いろいろ考えていますが……どこかいいお店、ありますか。

A: そうですね。②会社の前にあるイタリア料理のお店はどうでしょうか。一度行きましたが、③雰囲気もよかったですよ。

B: そうですか。じゃ、そのお店にしましょう。

A: 僕が予約します。何時にしましょうか。

B: 7時でお願いします。人数は12人です。

A: はい、わかりました。

B: ①歓迎会、みんなで④楽しくしましょうね。

✿ Vocabulary

歓迎会:_____　　人数:_____

Pair Work

1 入れ替えて練習してみましょう。

(1) ① 先生の還暦祝い　② 駅前の有名な懐石料理のお店
　　③ おいしい　　　　④ 思い出に残る時間

(2) ① 甥の誕生日パーティー　② 近くのファミリーレストラン
　　③ 子供たちが遊ぶ場所もある　④ 賑やかだ

(3) ① 講演会の打ち上げ　② 会場の近くにある中華料理のお店
　　③ 量も多くていい　　④ 楽しい

2 同じクラスのメンバーで食事会をすることになりました。
どこでするか、友達と話してみましょう。

A: 食事会、どこにしますか。

B: _____

A: _____

B: _____

A: _____

B: _____

Vocabulary

還暦祝い: _____　懐石料理: _____　思い出: _____
残る: _____　　　甥: _____　　　　講演会: _____
打ち上げ: _____　会場: _____　　　食事会: _____

Unit 7　97

Exercise

1 ＿＿の部分を適当な形に変えて、言ってみましょう。

① すみませんが、ボリュームをもう少し ＿(小さい)＿＿＿＿＿＿てくださいませんか。

② 卒業旅行、＿(北海道)＿＿＿＿＿ましょう。

③ すみずみまで ＿(きれいだ)＿＿＿＿＿ました。

2 ＿＿の部分を「～ことにする」を使って、言ってみましょう。

① 友達とは予定が合わなくて、結局一人で ＿(行きます)＿＿＿＿＿。

② 下の子がまだ幼いので、連れて ＿(行きません)＿＿＿＿＿。

③ 今日からお酒を ＿(やめます)＿＿＿＿＿！

3 例のように、＿＿の部分を入れて、言ってみましょう。

> 例
> A: 結婚式場はもう予約しましたか。
> B: いえ、まだ 予約していません 。

① A: 招待状はもう送りましたか。
　B: ええ、先月もう＿＿＿＿＿＿＿。

② A: 司会者はもう誰かに頼みましたか。
　B: いえ、それはまだ＿＿＿＿＿＿＿。

③ A: ウェディングドレスはもう決めましたか。
　B: はい、それは一番最初に＿＿＿＿＿＿＿。

✦ Vocabulary

卒業：＿＿＿＿＿＿　　合う：＿＿＿＿＿＿　　結局：＿＿＿＿＿＿
幼い：＿＿＿＿＿＿　　連れて行く：＿＿＿＿＿　招待状：＿＿＿＿＿
司会者：＿＿＿＿＿＿　ウェディングドレス：＿＿＿＿＿

● よく聞いて、例のように記号を書きましょう。

	a.	b.
例	ⓐ バラ	b. チューリップ
1	a. ドレス	b. ジーンズ
2	a. 禁煙	b. 禁酒
3	a. 短髪の人	b. 長髪の人
4	a. 10000ウォン札	b. クレジットカード
5	a. 台所	b. 浴室
6	a. 定食	b. 定食

✤ Vocabulary

はいたつ
配達：＿＿＿＿＿

しょうひん
商品：＿＿＿＿＿

よくしつ
浴室：＿＿＿＿＿

こんかい
今回：＿＿＿＿＿

からあげ：＿＿＿＿＿

バラ：＿＿＿＿＿

ジーンズ：＿＿＿＿＿

かべ
壁：＿＿＿＿＿

ちょうめ
〜丁目：＿＿＿＿＿

まいど
毎度：＿＿＿＿＿

おく
送る：＿＿＿＿＿

つい：＿＿＿＿＿

いろ
色：＿＿＿＿＿

でまえ
出前：＿＿＿＿＿

じゅうしょ
住所：＿＿＿＿＿

ぶんかつ
分割：＿＿＿＿＿

だいどころ
台所：＿＿＿＿＿

ていしょく
定食：＿＿＿＿＿

Unit 8

● **Lesson Plan** 🎧 38〜42

- 簡単にできるかどうかを評価する
- 比較する
- 「もう・もっと・あと」を使い分ける

Activity 1 簡単にできるかどうか、言ってみましょう。

🎧 38

(色々な機能がある / 使うのに便利だ)
A: 最新型の携帯ですね。どうですか。
B: 色々な機能があって、使いやすいです。

(字が小さい / 読むのが難しい)
A: その辞書はどうですか。
B: 字が小さくて、読みにくいです。

(ガラスでできている / 簡単に割れる)
A: 素敵ですね。
B: でも、＿＿＿＿＿＿＿＿＿＿＿＿＿＿＿＿＿＿＿

(個人的な話だ / 人前では話すのが易しくない)
A: 何か悩み事でもありますか。
B: ＿＿＿＿＿＿＿＿＿＿＿＿＿＿＿＿＿＿＿＿＿＿

✦ Vocabulary

色々な: ＿＿＿＿＿　機能: ＿＿＿＿＿　最新型: ＿＿＿＿＿　字: ＿＿＿＿＿

ガラス: ＿＿＿＿＿　できる: ＿＿＿＿＿　割れる: ＿＿＿＿＿　個人的だ: ＿＿＿＿＿

人前: ＿＿＿＿＿　悩み事: ＿＿＿＿＿

Check Point

❶ 動詞の「ます形」+ やすい

① 説明が易しくて、分かりやすいですね。
② 名前が似ていて間違えやすいです。
③ 私は太りやすい体質ですから、気をつけています。

❷ 動詞の「ます形」+ にくい

① 言葉では、ちょっと説明しにくいですね。
② カニ料理はおいしいですけど、食べにくいですね。
③ この道は石が多くて歩きにくいです。

Let's Try

● 「〜やすい(にくい)」を使って、答えてみましょう。

Q1 あなたが住んでいる所は住みやすいですか、住みにくいですか。
また、その理由は何ですか。
_____
_____

Q2 日本語は習いやすいと思いますか。また、その理由は何ですか。
_____
_____

易しい:_____　似る:_____　間違える:_____　太る:_____
体質:_____　気をつける:_____　カニ:_____　石:_____
歩く:_____　住む:_____　習う:_____　〜と思う:_____

Activity 2 比べてみましょう。

🎧 39

(昨日の方がもっと強い)
A: 今日も風が強いですね。
B: ええ、でも今日は昨日ほど強くないですよ。

(もっと難しいと思った)
A: 試験はどうでしたか。難しかったですか。
B: いいえ、思ったほど難しくありませんでした。

(昔の方が賑やかだ)
A: この街は賑やかですね。
B: でも、＿＿＿＿＿＿＿＿＿＿＿＿＿＿＿＿＿

(前の部長の方が厳しい)
A: 今度の部長は厳しいですか。
B: ええ、でも＿＿＿＿＿＿＿＿＿＿＿＿＿＿

Vocabulary

強い: ＿＿＿＿＿＿＿　風: ＿＿＿＿＿＿＿　試験: ＿＿＿＿＿＿＿
昔: ＿＿＿＿＿＿＿　街: ＿＿＿＿＿＿＿　厳しい: ＿＿＿＿＿＿＿

Check Point

● ～ほど～ない

① 今年は去年ほど暑くありません。
② 高橋さんは木村さんほど背が高くないですよ。
③ 期待していたほどおもしろくはありませんでした。
④ 人が言うほどまじめではありませんよ。

Let's Try

❶ 「～ほど～ない」を使って、会話を完成してください。

① (評判の方がもっといい)
　A: え？今評判のあの店に行ってきましたか？
　B: はい、でも_____

② (前の方が住みやすい)
　A: 今度引っ越したアパートはどうですか。
　B: 駅が遠くて、_____

❷ 田舎と都会を、「～ほど～ない」を使って比べてみましょう。

* _____
* _____
* _____
* _____

去年:_____　期待する:_____　まじめだ:_____　評判:_____
田舎:_____　都会:_____　比べる:_____

Activity 3 「もう」「もっと」「あと」の使い分け

🎧 40

もう一杯、いかがですか。

もう一度探してみましょう。

これからはもっと頑張ります。

もっと上手になりたいです。

あと三日で卒業ですね。

締め切りまであと一週間です。

✦ Vocabulary

いかが:＿＿＿＿＿＿＿＿＿ 探してみる:＿＿＿＿＿＿＿＿＿ 頑張る:＿＿＿＿＿＿＿＿＿

上手になる:＿＿＿＿＿＿＿＿＿ 卒業:＿＿＿＿＿＿＿＿＿ 締め切り:＿＿＿＿＿＿＿＿＿

Check Point

1 もう + 数量・程度

① 同じ物をもう一つください。
② 完成までは、もう少し掛かります。

2 もっと

① 今よりもっと熱心にやりましょう。
② もっと若い人を探しています。

3 あと + 数量・程度

① あと5分で新年が明けますよ。
② あと50メートルでゴールです。

Let's Try

● (　　)の中に「もう・もっと・あと」を入れて、文を完成してください。

① (　　　　)まじめに仕事してください。
② (　　　　)一点で逆転ですよ。
③ 今は話す力もありません。(　　　　)ちょっと休みましょう。
④ 今学期も (　　　　) 2週間で終わりですね。
⑤ これからは (　　　　)熱心に、日本語の勉強をすることにしました。

完成:_____　掛かる:_____　熱心に:_____　新年:_____
明ける:_____　ゴール:_____　まじめに:_____　一点:_____
逆転:_____　力:_____　今学期:_____

A: ①新しい土地での生活はどうですか。

B: だいぶ慣れてきました。

A: ②前に住んでいたところと比べてどうですか。

B: 前ほど③便利じゃありませんが、④空気がよくて⑤過ごしやすいです。

A: そうですか。あ、最近体調はどうですか。

B: はい、おかげさまで、元気です。

A: 新しい環境になると体調を崩しやすいので、気をつけてくださいね。

B: ありがとうございます。

⊕ Vocabulary

土地: _____　　慣れる: _____　　空気: _____

過ごす: _____　　体調: _____　　崩す: _____

Pair Work

1 入れ替えて練習してみましょう。

(1) ① 新しい職場　　② 前の職場　　③ 給料はよくない
　　④ 人間関係がいい　⑤ 仕事する

(2) ① お姑さんとの同居生活　② 同居する前　③ 自由じゃない
　　④ 姑がいい人だ　　　　⑤ 過ごす

(3) ① 新しい学校での生活　② 前の学校　③ 大きな学校じゃない
　　④ 友達が親切だ　　　　⑤ なじむ

2 持っている携帯電話について、友達と話してみましょう。

A: その携帯、使いやすいですか。

B: ＿＿＿＿＿＿＿＿＿＿＿＿＿＿＿＿＿＿＿＿＿＿＿＿＿＿＿＿

A: 前に持っていた携帯と比べてどうですか。

B: ＿＿＿＿＿＿＿＿＿＿＿＿＿＿＿＿＿＿＿＿＿＿＿＿＿＿＿＿

A: ＿＿＿＿＿＿＿＿＿＿＿＿＿＿＿＿＿＿＿＿＿＿＿＿＿＿＿＿

B: ＿＿＿＿＿＿＿＿＿＿＿＿＿＿＿＿＿＿＿＿＿＿＿＿＿＿＿＿

Vocabulary

職場:　　　　　　給料:　　　　　　お姑さん:　　　　　　同居:

自由だ:　　　　　姑:　　　　　　　なじむ:

Exercise

● _____の部分に入ることばを次から選んで、言ってみましょう。

> 例： 前のパソコン　考える　都会　想像した　前の先生

① A: お父さん、厳しいですね。
　 B: いえ、人が_____ほど厳しくありませんよ。

② A: 新しい先生、どんな人ですか。優しいですか。
　 B: そうですね……_____ほどは優しくありませんね。

③ A: 田舎の生活はどうですか。
　 B: _____ほど便利じゃありませんが、空気がきれいで過ごしやすいです。

④ A: お見合いの相手、どんな人でしたか。
　 B: きれいな人でしたが、_____ほど魅力的じゃありませんでした。

⑤ A: 新しいパソコン、前のよりも使いやすいですか。
　 B: いいえ、_____ほど使いやすくありません。

✤ Vocabulary

想像する:_____　　優しい:_____　　お見合い:_____
魅力的だ:_____

Listening 🎧42

● よく聞いて、例のように記号を書きましょう。

	〜やすい	〜にくい
例	a. 持ちやすい	b. 持ちにくい
1	a. 切れやすい	b. 切れにくい
2	a. 壊れやすい	b. 壊れにくい
3	a. 聞こえやすい	b. 聞こえにくい
4	a. 使いやすい	b. 使いにくい
5	a. 太りやすい	b. 太りにくい
6	a. 読みやすい	b. 読みにくい

例	1	2	3	4	5	6
b						

✚ Vocabulary

部分:＿＿＿＿＿＿＿＿   切れる:＿＿＿＿＿＿＿＿   だめだ:＿＿＿＿＿＿＿＿
落とす:＿＿＿＿＿＿＿＿   聞こえる:＿＿＿＿＿＿＿＿   使い心地:＿＿＿＿＿＿＿＿
気に入る:＿＿＿＿＿＿＿＿   汚い:＿＿＿＿＿＿＿＿   小学校:＿＿＿＿＿＿＿＿

Unit 9

Lesson Plan 🎧 43～47

- 規則について話す
- 知らない言葉の意味を聞く

Activity 1 次の標示板の意味を考えてみましょう。

🎧 43

a. 　　b. 　　c. 　　d.

e. 　　f. 　　g. 　　h.

i. 　　j.

① 車はここに止めてください。
② ここではタバコを吸ってもいいです。
③ ここではタバコを吸ってはいけません。
④ 速度は30キロを越えてはいけません。
⑤ ここを渡ってください。
⑥ ここに車を止めてはいけません。
⑦ 自転車は通ってはいけません。
⑧ この中に入ってはいけません。
⑨ 右に曲がってはいけません。
⑩ ここを渡ってはいけません。

✦ Vocabulary

止める:＿＿＿＿＿　　タバコを吸う:＿＿＿＿＿＿＿　　速度:＿＿＿＿＿

越える:＿＿＿＿＿　　渡る:＿＿＿＿＿　　通る:＿＿＿＿＿　　曲がる:＿＿＿＿＿

114　わくわく 日本語 初級2

Check Point

1 ～ても いい (です)

① ここで見学をしてもいいですか。
② このコンピューターは自由に使ってもいいです。
③ 荷物はこの上に置いてもいいですよ。

2 ～ては いけない (いけません)

① 室内で写真を撮ってはいけません。
② この話は誰にも言ってはいけません。
③ 暗証番号は人に教えてはいけません。

Let's Try

● 「～てもいい」「～てはいけない」を使って、寮の規則について話してみましょう。

① (部屋で料理をする)

_____

② (友達を泊める)

_____

③ (室内でタバコを吸う)

_____

見学：_____　荷物：_____　置く：_____　室内：_____
撮る：_____　暗証番号：_____　泊める：_____

注意事項について話してみましょう。

A: 先生、辞書を使ってもいいですか。
B: はい、辞書は使ってもかまいませんが、テキストを見てはだめです。
A: あの、ちょっとトイレに行ってきてもいいですか。
B: ええ、どうぞ。でも、もうすぐ試験が始まりますから、急いでください。

Vocabulary

テキスト:_____　かまう:_____　だめだ:_____
始まる:_____　急ぐ:_____

Check Point

1 〜ても かまわない (= 〜ても いい)

① 店の前に車を止めてもかまいません。
② 終った人は、先に帰ってもかまいません。
③ この資料は持ち帰ってもかまいませんか。

2 〜ては だめだ

① ここに入ってはだめですよ。
② 寮でお酒を飲んではだめです。
③ 人に弱みを見せてはだめですよ。

3 どうぞ / 〜はちょっと

① A: すみません。窓を開けてもいいですか。
　B: ええ、どうぞ。
② A: あの、このTシャツ、着てみてもいいですか。
　B: すみません、Tシャツの試着はちょっと……。

先に:＿＿＿＿＿＿　資料:＿＿＿＿＿＿　持ち帰る:＿＿＿＿＿＿
弱み:＿＿＿＿＿＿　試着:＿＿＿＿＿＿　ちょっと:＿＿＿＿＿＿

Activity 3 どういう意味でしょうか。

 45

激安 / 値段がとても安い

飲み放題 / 好きなだけ飲む

メル友 / メールの友達

A: 「激安」というのはどういう意味ですか。
B: 値段がとても安いという意味です。

Vocabulary

激安:＿＿＿＿＿＿＿＿＿　　値段:＿＿＿＿＿＿＿＿＿　　飲み放題:＿＿＿＿＿＿＿＿＿
好きなだけ:＿＿＿＿＿＿＿＿＿　　メル友:＿＿＿＿＿＿＿＿＿

Check Point

🟢 ～というのは どういう意味ですか / ～という意味です

① A:「3割引(わりびき)」というのはどういう意味ですか。
　B: 30％(パーセント)安くなるという意味です。

② A:「商(あきな)い中(ちゅう)」というのはどういう意味ですか。
　B:「営業中(えいぎょうちゅう)」と同(おな)じ意味です。

Let's Try

🟠 次(つぎ)の言葉(ことば)の意味を知(し)っていますか。

① A:「チョーおもしろい」というのはどういう意味ですか。
　B: _____

② A:「着(ちゃく)メロ」というのはどういう意味ですか。
　B: _____

③ A:「ペーパードライバー」というのはどういう意味ですか。
　B: _____

割引(わりびき):_____　商(あきな)い中(ちゅう):_____　営業中(えいぎょうちゅう):_____

チョー:_____　着(ちゃく)メロ:_____　ペーパードライバー:_____

Conversation

A: 今日から同室になった山口です。よろしくお願いします。

B: どうも、鎌田です。こちらこそどうぞよろしく。

A: 寮生活は初めてなので、これからいろいろ教えてください。

B: ええ、何でも聞いてください。

A: あの、①部屋の中で、食事をしてもいいですか。

B: ええ、大丈夫ですよ。でも、②料理をしてはいけません。

A: はい、分かりました。あと、③夜、テレビを見てもいいですか。

B: ええ、でも、④音は大きくしないでください。

Vocabulary

同室:＿＿＿＿＿＿＿＿＿＿＿＿＿＿

❶ 入れ替えて練習してみましょう。

(1) ① 友達を招待する　　　② 友達を泊める
　　③ ステレオで音楽を聞く　④ 音は大きくする

(2) ① 夜遅く帰ってくる　　② 12時を過ぎる
　　③ 夜遅くまで起きている　④ 私を起こす

(3) ① 部屋の壁にポスターを貼る　② 窓に貼る
　　③ 部屋で電話をする　　　　　④ 長電話をする

❷ あなたが通っていた高校の規則について、友達と話してみましょう。

A: ＿＿＿＿＿さんの高校では、パーマをかけてもよかったですか。

B: ええ、大丈夫でした。

A: じゃあ、＿＿＿＿＿てもよかったですか。

B: ＿＿＿＿＿＿＿＿＿＿＿＿＿＿＿＿＿＿＿＿＿＿＿＿＿＿＿

A: ＿＿＿＿＿＿＿＿＿＿＿＿＿＿＿＿＿＿＿＿＿＿＿＿＿＿＿

B: ＿＿＿＿＿＿＿＿＿＿＿＿＿＿＿＿＿＿＿＿＿＿＿＿＿＿＿

✿ Vocabulary

招待する:＿＿＿＿＿　　過ぎる:＿＿＿＿＿　　起こす:＿＿＿＿＿
ポスター:＿＿＿＿＿　　貼る:＿＿＿＿＿　　　長電話:＿＿＿＿＿
通う:＿＿＿＿＿　　　　パーマをかける:＿＿＿＿＿

Exercise

1 ( )の動詞を使って、会話を完成してください。

① A: ここは病院です。携帯を ___(使う)___ いけません。

B: あ、すみません。

② A: ここで自転車に ___(乗る)___ いいですか。

B: ええ、でも子供がたくさんいるので、気をつけて乗ってください。

③ A: このパンフレット、___(もらう)___ かまいませんか。

B: はい、たくさんありますから持っていってください。

④ A: タカヒロ君、うそを ___(つく)___ だめですよ。

B: はい、先生、ごめんなさい……。

2 ＿＿の部分に入ることばを次から選んで、言ってみましょう。

> 例　デパ地下　　食べ放題　　消費税込み

① A: 「＿＿＿＿」というのはどういう意味ですか。

B: 好きなだけ食べてもいいという意味です。

② A: 「＿＿＿＿」というのはどういう意味ですか。

B: 値段に消費税が入っているという意味です。

③ A: 「＿＿＿＿」というのはどういう意味ですか。

B: デパートの地下という意味です。

Vocabulary

パンフレット:＿＿＿　うそをつく:＿＿＿　値段:＿＿＿＿　消費税:＿＿＿＿

🎧 47

① よく聞いて、例のように記号を書きましょう。

a. 　b. 　c.

d. 　e. 　f.

例	1	2	3	4
b				

② よく聞いて、例のように〇か×をつけましょう。

  (×)　　1)  ( )

2)  ( )　　3)  ( )

Vocabulary

シルバーシート:＿＿＿＿＿　　お年寄り:＿＿＿＿＿　　不自由だ:＿＿＿＿＿

消費税込み:＿＿＿＿＿　　深夜:＿＿＿＿＿　　料金:＿＿＿＿＿

閉まる:＿＿＿＿＿　　札:＿＿＿＿＿　　開店:＿＿＿＿＿

Unit 10

Lesson Plan 🎧 48〜53

- 勧める
- アドバイスする
- 自分の考えを言う

Activity 1 アドバイスしてみましょう。

🎧 48

ダイエット / 運動 / する

A: あと5キロやせたいんですけど、ダイエットがいいでしょうか。それとも、運動がいいでしょうか。
B: 運動をしたほうがいいですよ。

山登りに行く

A: 雨がたくさん降っていますね。
B: こんな日は山登りには行かないほうがいいですよ。

✦ Vocabulary

ダイエット: ＿＿＿＿＿＿＿＿ やせる: ＿＿＿＿＿＿＿＿ それとも: ＿＿＿＿＿＿＿＿

山登り: ＿＿＿＿＿＿＿＿ 降る: ＿＿＿＿＿＿＿＿

Check Point

1 動詞の「た形」+ ほうが いい

① ちょっと怪しいですね。気をつけたほうがいいですよ。
② 出発する前に、連絡を入れておいたほうがいいでしょうか。
③ 時間があまりないから、急いだほうがいいですよ。

2 動詞の「ない形」+ ほうが いい

① まだ誰にも言わないほうがいいですよ。
② 無理はしないほうがいいです。
③ 変なものは食べないほうがいいですよ。

Let's Try

● 「〜たほうがいい」「〜ないほうがいい」を使って、アドバイスしてみましょう。

① お見舞いに何がいいでしょうか。
_____
② 風邪を引いて、熱があります。
_____
③ 最近、体の調子がよくありません。
_____
④ 進路のことで悩んでいます。
_____

怪しい:_____ あまり:_____ 急ぐ:_____
お見舞い:_____ 風邪を引く:_____ 最近:_____
調子:_____ 進路:_____ 悩む:_____

Activity 2 どちらを勧めますか。

🎧 49

(ワンピース / スーツ)
A: 今夜、誕生日パーティーがあります。
B: パーティーに着るなら、ワンピースのほうがいいですよ。

(犬 / 猫)
A: 私もペットを飼いたいですけど……。
B: ペットを飼うなら、＿＿＿＿＿＿＿＿＿＿

(風景画 / 抽象画)
A: 玄関にはどちらがいいでしょうか。
B: 玄関に掛けるなら、＿＿＿＿＿＿＿＿＿＿

(フランス / イタリア)
A: フランスにも行きたいけど、イタリアにも行きたいですね。
B: 新婚旅行に行くなら、＿＿＿＿＿＿＿＿＿＿

✦ Vocabulary

飼う:＿＿＿＿＿＿＿＿＿ 風景画:＿＿＿＿＿＿＿＿＿ 抽象画:＿＿＿＿＿＿＿＿＿
掛ける:＿＿＿＿＿＿＿＿＿ 新婚旅行:＿＿＿＿＿＿＿＿＿

Check Point

● 動詞の基本形 ＋ なら ～が いい
　① 古本を買うなら、神田の古本屋がいいですよ。
　② 銀座へ行くなら、バスより地下鉄のほうがいいですよ。
　③ 隣の騒音で困っているなら、大家さんに相談したほうがいいよ。

Let's Try

● あなたなら何を勧めますか。

① A: ソウルからプサンまでは何で行ったほうが便利ですか。
　 B: _____

② A: ストレスを解消したいです。
　 B: _____

③ A: 面接を受けるとき、どんな服装がいいでしょうか。
　 B: _____

古本:＿＿＿＿　隣:＿＿＿＿　騒音:＿＿＿＿　困る:＿＿＿＿
大家さん:＿＿＿＿　相談する:＿＿＿＿　ストレス:＿＿＿＿　解消する:＿＿＿＿
面接:＿＿＿＿　受ける:＿＿＿＿　服装:＿＿＿＿

Activity 3 あなたの考えを言ってみましょう。

🎧 50

(今日はもう来ない)
A: 小林さん、遅いですね。もう9時半ですよ。
B: 小林さんは今日はもう来ないと思います。

(たぶん学校の友達だ)
A: あら、あの人は岡田さんの恋人ですか。
B: いや、＿＿＿＿＿＿＿＿＿＿＿＿＿＿＿＿と思いますよ。

(家賃が高い)
A: 東京は物価が高くて、一人暮しは大変でしょうね。
B: よく分かりませんが、＿＿＿＿＿＿＿＿＿＿＿と思います。

(もう着いた)
A: 今朝10時に出発しましたから、そろそろ着くころですね。
B: いや、3時間しか掛かりませんから、＿＿＿＿＿＿＿＿＿＿＿＿＿＿＿と思いますよ。

✦ Vocabulary

たぶん:＿＿＿＿＿＿ 家賃:＿＿＿＿＿＿ 物価:＿＿＿＿＿＿

一人暮し:＿＿＿＿＿ 着く:＿＿＿＿＿＿ 今朝:＿＿＿＿＿＿

そろそろ:＿＿＿＿＿ ころ:＿＿＿＿＿＿ 掛かる:＿＿＿＿＿

130　わくわく 日本語 初級 2

Check Point

🟢 **普通形 + と思う**

① 時間に間に合わないと思いますね。
② 日本のお化けは、あまり怖くないと思います。
③ 今夜も一雨降ると思いますね。
④ 彼は今日も残業だと思いますよ。
⑤ たまには、頑固な面も必要だと思います。

Let's Try

Q1 日本語の勉強はどうですか。

_____

Q2 明日の天気はどうでしょうか。

_____

Q3 日本人についてどう思いますか。

_____

間に合う:_____　お化け:_____　怖い:_____
一雨:_____　残業:_____　たまには:_____
頑固だ:_____　面:_____　必要だ:_____

A: 安藤さん、今、ちょっと大丈夫ですか。

B: ええ、何でしょう？

A: あの、来週①彼女と初めてデートするんですけど、②行く場所のアドバイス、お願いします。

B: そうですね。③初めてデートするなら、④あまり遠くへは行かない方がいいですね。

A: そうですか。

B: ⑤近場で映画を見たり、美術館へ行ったりした方がいいと思いますよ。

A: なるほど。参考になりました。どうもありがとうございました。

B: いいえ。

Vocabulary

近場：＿＿＿＿＿＿＿＿＿＿ 参考になる：＿＿＿＿＿＿＿＿＿＿

1 入れ替えて練習してみましょう。

(1) ① 上司の家に遊びに行く　　② 手土産
　　③ 手土産を持っていく　　　④ あまり高価なものはやめる
　　⑤ ケーキや和菓子のセットを持って行く

(2) ① 会社の面接がある　　　　② 服装
　　③ 会社の面接を受ける　　　④ 一般的なリクルートスーツを着て行く
　　⑤ 化粧も控えめにする

(3) ① アメリカ人の留学生が一週間、家にホームステイする
　　② ホームステイ中　　　　　③ アメリカ人を受け入れる
　　④ 日本人の生活様式をちゃんと伝える
　　⑤ 食事のマナーやお風呂の入り方などを教える

2 友達と、お互いにアドバイスしてみましょう。

A: ＿＿＿＿＿＿さん、今、ちょっと大丈夫ですか。

B: ええ、何でしょう？

A: ＿＿＿＿＿＿＿＿＿＿＿＿＿＿＿＿＿＿んですけど、アドバイスお願いします。

B: ＿＿＿＿＿＿＿＿＿＿＿＿＿＿＿＿＿＿＿＿＿＿＿＿＿＿

A: ＿＿＿＿＿＿＿＿＿＿＿＿＿＿＿＿＿＿＿＿＿＿＿＿＿＿

B: ＿＿＿＿＿＿＿＿＿＿＿＿＿＿＿＿＿＿＿＿＿＿＿＿＿＿

Vocabulary

上司: ＿＿＿　　手土産: ＿＿＿　　高価だ: ＿＿＿　　和菓子: ＿＿＿
一般的だ: ＿＿＿　リクルートスーツ: ＿＿＿　化粧: ＿＿＿　控えめにする: ＿＿＿
ホームステイ: ＿＿＿　受け入れる: ＿＿＿　生活様式: ＿＿＿　入り方: ＿＿＿

Exercise

● _____ の部分を例のように「～と思う」を使って、言ってみましょう。

> 例
> A: 最近、雨の日が多いですね。
> B: そうですね。多分今日も雨が<u>降ると思いますよ</u>。
> 　　　　　　　　　　　　　　　(降ります)

① A: 最近の高校生たちを見て、どうですか。
　 B: 勉強ばかりして、＿＿＿＿＿＿＿＿＿＿＿＿＿。
　　　　　　　　　　　　　(かわいそうです)

② A: わあ、すごい人ですね。
　 B: 中国からの観光客が一番＿＿＿＿＿＿＿＿＿＿＿＿＿。
　　　　　　　　　　　　　　　　　(多いです)

③ A: 赤松さん、まだ来ませんか。
　 B: ええ、多分、道が＿＿＿＿＿＿＿＿＿＿＿＿＿よ。
　　　　　　　　　　　(込んでいます)

④ A: 恵子さん、顔色が悪いですね。
　　　家に帰って休んだ方が＿＿＿＿＿＿＿＿＿＿＿＿＿よ。
　　　　　　　　　　　　　　　(いいです)
　 B: はい、そうします。

⑤ A: 日本語の勉強はどうですか。
　 B: 漢字の勉強が一番＿＿＿＿＿＿＿＿＿＿＿＿＿。
　　　　　　　　　　　　(難しいです)

✦ Vocabulary

かわいそうだ:＿＿＿＿＿＿＿　　すごい:＿＿＿＿＿＿＿

⑥ A: これは＿＿＿＿＿＿＿＿＿＿＿＿＿＿＿＿＿＿か。
　B: さあ、分かりません。　（何です）

⑦ A: 子供たち、たくさん食べるでしょうか。
　B: さっきおやつをけっこう食べていたので、あまり＿＿＿＿＿＿＿＿＿＿＿＿
　けど。　　　　　　　　　　　　　　　　　　　　　　　　（食べません）

⑧ A: あの二人、付き合っているのを知っていましたか。
　B: ええ。あの二人なら、＿＿＿＿＿＿＿＿＿＿＿＿＿＿＿よ。
　　　　　　　　　　　　　　（お似合いです）

Omake

☆ 早口ことばコーナー ☆

次のことばを早く言ってみましょう。

・にわ(庭)には　にわとり(鶏)が　にわ(二羽)いました

・あおまきがみ(青巻紙)　あかまきがみ(赤巻紙)　きまきがみ(黄巻紙)

おやつ:＿＿＿＿＿＿＿　けっこう:＿＿＿＿＿＿＿　付き合う:＿＿＿＿＿＿＿
お似合いだ:＿＿＿＿＿　鶏:＿＿＿＿＿＿＿　～羽:＿＿＿＿＿＿＿

❶ よく聞いて、例のように記号を書きましょう。

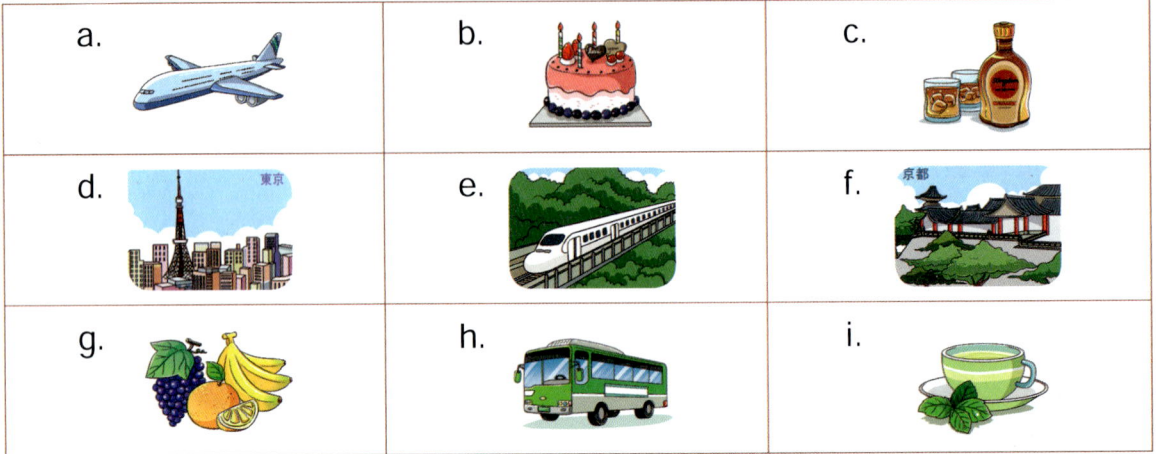

例	1	2	3
b, g			

❷ よく聞いて、例のように○をつけましょう。

Vocabulary

先輩(せんぱい): _____　最新(さいしん): _____　ゆっくり休(やす)む: _____　後輩(こうはい): _____

飲(の)み会(かい): _____　歌舞伎(かぶき): _____　かわいい: _____

沖縄

沖縄は日本の南の方にあります。暖かくて、自然が豊かで、日本で有名な観光地です。それと、沖縄は長寿の地で有名です。どうして沖縄の人は長生きをすると思いますか。長寿の理由のひとつは沖縄料理です。沖縄では豚肉をたくさん食べます。それから、100歳以上のお年寄りも畑で仕事をします。それが長生きできる理由だと思います。

① 沖縄はどこにありますか。

a. 日本の南の方　　b. 日本の北の方　　c. 日本の東の方

② 沖縄はどんなところですか。

_____

③ どうして沖縄の人は長生きをすると思いますか。

_____

④ 日本の中で、行ってみたいところはどこですか。

_____

✤ Vocabulary

南: _____　自然: _____　豊かだ: _____
観光地: _____　長寿の地: _____　長生き: _____
豚肉: _____　畑: _____

☆ 日本の行政区域(ぎょうせいくいき) ☆

47都道府県(とどうふけん) (1都(と) 1道(どう) 2府(ふ) 43県(けん))

九州地方(きゅうしゅうちほう)
- ㊵ 福岡県(ふくおかけん)
- ㊶ 佐賀県(さがけん)
- ㊷ 長崎県(ながさきけん)
- ㊸ 熊本県(くまもとけん)
- ㊹ 大分県(おおいたけん)
- ㊺ 宮崎県(みやざきけん)
- ㊻ 鹿児島県(かごしまけん)
- ㊼ 沖縄県(おきなわけん)

中国地方(ちゅうごくちほう)
- ㉛ 鳥取県(とっとりけん)
- ㉜ 島根県(しまねけん)
- ㉝ 岡山県(おかやまけん)
- ㉞ 広島県(ひろしまけん)
- ㉟ 山口県(やまぐちけん)

近畿地方(きんきちほう)
- ㉔ 大阪府(おおさかふ)
- ㉕ 京都府(きょうとふ)
- ㉖ 滋賀県(しがけん)
- ㉗ 三重県(みえけん)
- ㉘ 奈良県(ならけん)
- ㉙ 兵庫県(ひょうごけん)
- ㉚ 和歌山県(わかやまけん)

四国地方(しこくちほう)
- ㊱ 徳島県(とくしまけん)
- ㊲ 香川県(かがわけん)
- ㊳ 愛媛県(えひめけん)
- ㊴ 高知県(こうちけん)

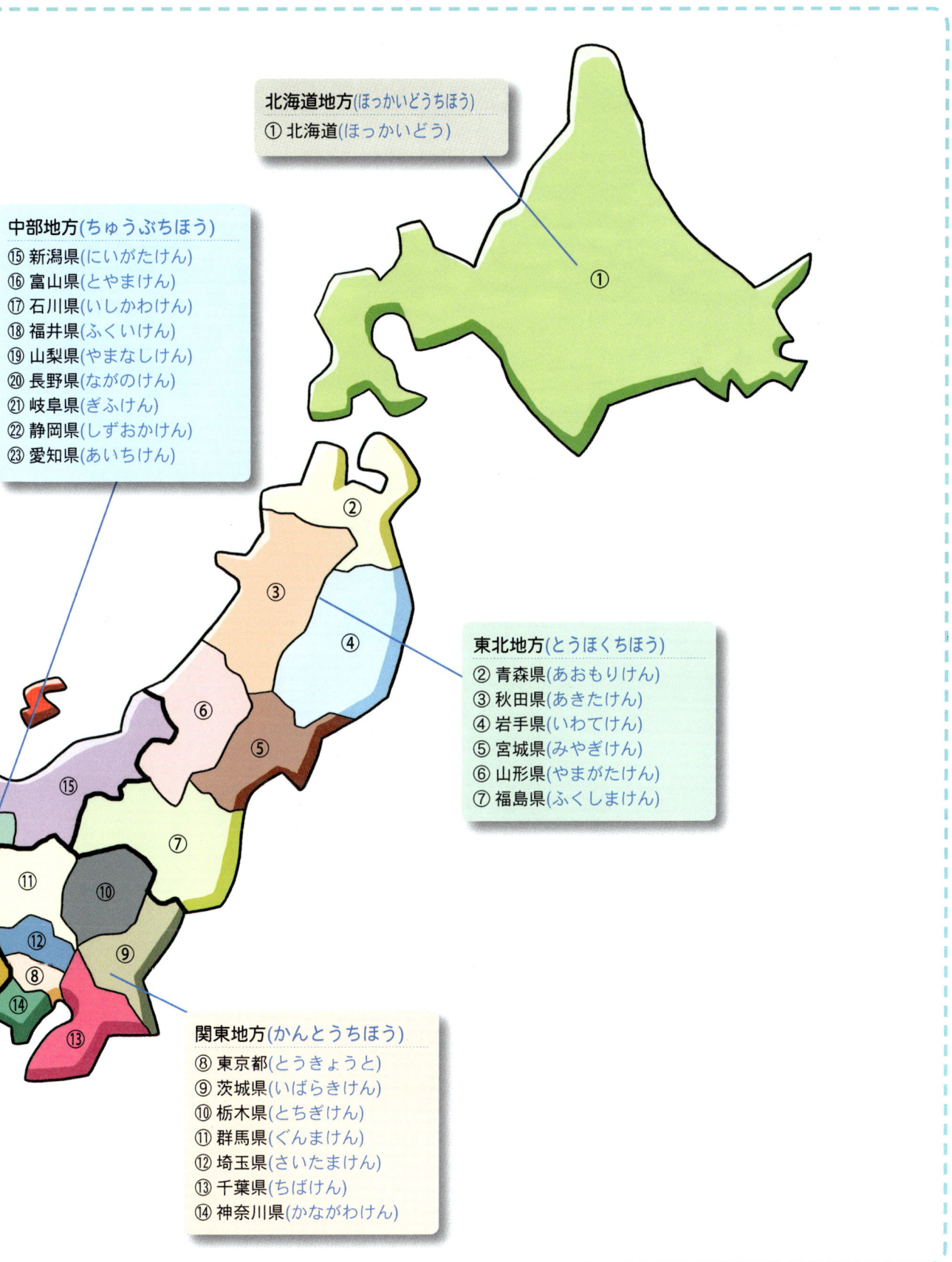

● 解答&リスニングスクリプト

付録

Unit 1　P23

1.
<スクリプト>

> A：ちょっとちょっと、ここに車を止めないでください！
> B：あれ？ここ駐車禁止ですか。
> A：あの標識、見てくださいよ。
> B：あ、ほんとだ。すみません。

1) A：元気がありませんね。
   B：最近彼女と別れました。
   A：どうして別れましたか。
   B：その理由は聞かないでください。

2) A：どうしましたか。
   B：ちょっと体の調子がよくありません。
   A：そうですか。無理しないでくださいね。
   B：はい、これから家でゆっくり休みます。

3) A：何かいいこと、ありましたか。
   B：実は……妊娠しました。
   A：それはよかったですね。
   B：あ、でもまだ初期なので、人には言わないでくださいね。

<正解>

1) a　2) c　3) b

2.
<スクリプト>

A：今日は生活習慣をチェックしてみましょう。まず1番です。上原さんは朝早く起きますか。
B：はい、いつも朝6時には起きます。
A：健康的ですね。
　次に2番、定期的に運動をしていますか。
B：いいえ、運動は特にしていません。
A：3番、お酒は飲みますか。
B：お酒は全く飲みません。

A：じゃ、最後に4番、人間関係でストレスを感じますか。
B：そうですね……たまに感じます。
A：はい、お疲れ様でした。

<正解>

1) ①　2) ②　3) ③　4) ②

Unit 2　P35

1.
<スクリプト>

<3月15日の日記>
昨日、高校の同窓会に行ってきた。みんな高校生の頃と全然変わっていなかった。一次会は居酒屋に行って、二次会はカラオケに行った。カラオケでは、私たちが高校生の時に流行った歌をみんなで歌った。その後はバーに行って、ウイスキーをゆっくり飲みながら、いろいろな話をした。

<正解>

1) 高校の同窓会に行ってきました。
2) 居酒屋に行きました。
3) 高校生の時に流行った歌を歌いました。
4) ウイスキーを飲みました。

2.
<スクリプト>

> A：ミッシェルさんはしゃぶしゃぶを食べたことがありますか。
> B：はい、先月日本に行った時に食べました。
> A：じゃ、お寿司も食べましたか。
> B：いいえ、お寿司はまだ食べたことがありません。

1) A：和田さんはオーストラリアに行ったことがありますか。

B：はい、新婚旅行で行きました。
A：じゃ、カナダは？
B：カナダは大学の時に1年間住んでいました。

2) A：牧野さんはピアノを習ったことがありますか。
B：はい、子供の頃習っていました。
A：じゃ、水泳は習ったことがありますか。
B：いえ、水泳は今まで一度も習ったことがありません。

3) A：ジョンさんは犬を飼ったことがありますか。
B：いいえ、犬は嫌いです。でも猫は好きです。
A：じゃ、猫は飼ったことがありますね。
B：いえ、好きですが、飼ったことはありません。

<正解>
1) a. ○　b. ○
2) a. ○　b. ×
3) a. ×　b. ×

Unit 3　P49

1.
<スクリプト>

A：ここは教室じゃなくて、職員室です。
B：あ、すみません。

1) A：彼女は友達じゃなくて、恋人です。
B：え、そうなんですか。

2) A：この間は天気もよくなくて、あまり楽しくなかったですね。
B：ええ、本当に。

3) A：木村さんはどんな人ですか。
B：背はそんなに高くなくて、眼鏡をかけています。

4) A：タイはどうでしたか。
B：物価が高くなくてよかったですよ。

5) A：何か大変なことはありませんか。
B：そうですね、周りが静かじゃなくて、勉強ができなくて困っています。

<正解>
1) c　2) b　3) e　4) a　5) d

Unit 4　P61

<スクリプト>

A：子供たち、おもちゃを片付けないで散らかしてばかりいますね。
B：子供はみんなそうですよ。

1) A：娘さん、最近どうですか。
B：週末も休まないで、頑張って勉強しています。

2) A：最近、運動は全然しないで食べてばかりいます。
B：それは体によくないですよ。

3) A：弟さん、お元気ですか。
B：毎日仕事もしないで怠けてばかりいますよ。

4) A：武山さん、見ませんでしたか？
B：さっき、何も言わないで部屋から出て行きましたよ。

5) A：新しい学校はどうですか。
B：なかなか友達ができなくて、いつも一人で

付録

お昼ごはんを食べています。

6) A：あの二人、またけんかですか。
B：ええ、性格が合わなくて、いつもけんかばかりしています。

<正解>
1) a 2) b 3) b 4) a 5) a 6) b

Unit 5 P73

<スクリプト>

A：子供の頃、どんな遊びをしましたか。
B：そうですね、子供の頃は川で泳いだり魚をとったりしました。
A：ゲームはしませんでしたか。
B：はい、ゲームは大嫌いでした。

1) A：子供の頃、いつも何をしましたか。
B：友達とサッカーをしたり、バスケットボールをしたりしました。
A：スポーツが好きだったんですね。
B：はい、でも勉強も毎日真面目にしましたよ。

2) A：子供の頃、いつも何をしていましたか。
B：ええと、ピアノを習っていました。
A：他には何か習っていましたか。
B：はい、バレエや水泳も習っていました。

3) A：子供の頃、どんな遊びをしましたか。
B：私はあまり遊ばないで、母のお手伝いをしたり妹や弟の世話をしたりしました。
A：へえ、そうでしたか。
B：でもたまに公園で遊んだりもしましたよ。

<正解>
1) a, d, j 2) c, e, k 3) b, f, i

Unit 6 P85

1.
<スクリプト>

A：久しぶりに掃除をして、部屋がきれいになりました。
B：掃除はあまりしませんか。
A：実は3ヵ月ぶりに掃除しました。
B：さ、3ヵ月?!

1) A：工事、終わりましたねえ。
B：ほんとに長かったですよね。
A：やっと静かになって、よかったですね。

2) A：あれ？ ここに横断歩道、ありませんでしたか?
B：それが、1週間ぐらい前になくなったんですよ。
A：そうでしたか。横断歩道がなくなって、だいぶ不便になりましたね。
B：ええ。

3) A：最近、仕事の方はどうですか。
B：前よりも仕事が増えて、忙しくなりました。
A：そうですか。あまり無理しないでくださいね。
B：はい、ありがとうございます。

4) A：大学ではどんな授業を取っていますか。
B：哲学や経済学などを取っています。
A：授業はおもしろいですか。
B：うーん、時々退屈で、眠くなります。

<正解>
1) c 2) e 3) a 4) d

2.
<スクリプト>

例
A: 将来、何になりたいですか
B: 私は歌手になりたいです。今、一生懸命歌の練習をしています。

1) A: 将来、何になりたいですか。
   B: 子供の時はカメラマンになりたかったですが、今はカメラマンよりも新聞記者になりたいです。

2) A: 将来、何になりたいですか。
   B: 私は子供の頃から本を読むことが大好きでした。それで作家になりたいです。

3) A: 将来、何になりたいですか。
   B: 私は海外旅行が好きです。世界中を旅行できるスチュワーデスになりたいです。

<正解>

1) e　2) b　3) c

Unit 7　　P99

<スクリプト>

例
A: すみません。花の配達をお願いします。
B: はい、花は何にしましょうか。
A: このバラ10本、送ってください。住所はこれです。
B: はい、かしこまりました。

1) A: わあ、このワンピースもかわいいですね。
   B: これは今年の夏の人気商品です。いかがですか。
   A: うーん、でもやっぱりこのジーンズにします。
   B: はい、ではこちらへどうぞ。

2) A: あれ？最近タバコを吸っていませんね。
   B: 実は僕、タバコをやめることにしました。
   A: よく決心しましたね。タバコは体に悪いですからね。

3) A: いらっしゃいませ。今日はどうなさいますか。
   B: 全体的に短くしてください。
   A: シャンプーリンスはどうしますか。
   B: あ、お願いします。

4) A: たくさん買いましたね。
   B: 素敵なものがいっぱいあって、つい……。
   A: こんなに買って、お金は大丈夫ですか。
   B: ええ、分割で払うことにしましたから、大丈夫です。

5) A: 浴室がだいぶ古くなって、リフォームを考えています。
   B: では、壁の色をもう少し明るくしましょうか。
   A: はい。台所はまだ大丈夫ですから、今回は浴室だけお願いします。

6) A: もしもし、1丁目の近藤ですが、出前お願いします。
   B: はい、どうぞ。
   A: ええと、ハンバーグ定食……じゃなくて、からあげ定食を三つ、12時までにお願いします。
   B: はい、分かりました。毎度ありがとうございます。

<正解>

1) b　2) a　3) a　4) b　5) b　6) a

付録

Unit 8
P111

<スクリプト>

例
A：あ、このかばん、いいですね。
B：ええ、でも、この部分を見てください。
A：ここを持つんですか。ちょっと不便ですね。
B：そうでしょう？デザインはいいですけど……。

1) A：もしもし、もしもし。あ、切れた。
   B：地下はだめですね。
   A：地下はすぐ切れるので本当に困りますね。

2) A：あれ？また新しいの買ったんですか。
   B：ええ、昨日落とした時に壊れてしまって。
   A：簡単に壊れますね。
   B：機能はたくさんありますが、すぐ壊れるので困ります。

3) A：もしもし、池田ですが、ゆうこさん？
   B：はい、私です。
   A：あの、よく聞こえないので、もう少し大きな声で話してくださいませんか。
   B：はい、分かりました。このくらいで大丈夫ですか。

4) A：わあ、すてきなキッチン！
   B：古くなったので、去年リフォームしました。
   A：使い心地はどうですか。
   B：とても気に入っています。

5) A：飯田さん、いつもよく食べますね。
   B：あ、はい。食べることが好きなので。
   A：でも全然太りませんね。
   B：ええ、昔から、太らない体質なんです。

6) A：わあ、この字、汚いですね。
   B：ええ、読むのに時間がかかります。
   A：小学校の先生も大変ですね。

<正解>
1) a 2) a 3) b 4) a 5) b 6) b

Unit 9
P123

1.

<スクリプト>

例
A：「禁煙」というのはどういう意味ですか。
B：「たばこを吸ってはいけない」という意味です。

1) A：あ、ここはシルバーシートですよ。
   B：「シルバーシート」というのはどういう意味ですか。
   A：お年寄りや体が不自由な人の席という意味です。
   B：あ、すみません。

2) A：これはいくらですか。
   B：消費税込みで1050円になります。
   A：「消費税込み」というのはどういう意味ですか。
   B：値段の中に消費税が入っているという意味ですよ。

3) A：今は深夜割引の時間だから安いですよ。
   B：「深夜割引」ですか？「深夜割引」というのはどういう意味ですか。
   A：夜遅い時間は料金が安くなるという意味です。

4) A：あれ？店が閉まっていますね。
   B：ああ、ここに「準備中」という札がありますよ。

A:「準備中」というのはどういう意味ですか。
B:今、店は開店の準備をしているという意味です。

<正解>
1) f 2) d 3) a 4) e

2.
<スクリプト>

A:ここに車を止めてもいいですか。
B:いいえ、ここに止めてはいけません。

1) A:火曜日にごみを出してもいいですか。
   B:ええ、火曜日と木曜日はごみの日です。

2) A:ここで写真を撮ってもいいですか。
   B:はい、ここは大丈夫ですよ。

3) A:入ってもいいですか。
   B:いえ、今は入ってはいけません。

<正解>
1) ○ 2) ○ 3) ×

Unit 10   P136

1.
<スクリプト>

A:日曜日に先輩の家に行くんですけど、手土産は何がいいでしょうか。
B:そうですね、果物やケーキはどうですか。
A:果物やケーキですね。お酒はどうですか。
B:お酒は飲まない人もいるので、やめた方がいいと思いますよ。

1) A:今度、上司の家に行くんですけど、手土産は何がいいでしょうか。
   B:お酒をよく飲むなら、ウイスキーとかいいと思いますよ。
   A:あ、上司はお酒がだめで……。
   B:じゃ、お茶はどうですか。
   A:ああ、お茶、いいですね。

2) A:日本へ旅行に行きたいですが、東京と京都、どちらがいいですか。
   B:最新の日本が見たいなら、東京の方がいいですよ。
   A:いえ、ゆっくり休みたいです。
   B:じゃ、京都の方がいいですね。静かでいいところですよ。

3) A:来月、出張で大阪に行くんですけど、何で行くのが便利ですか。
   B:大阪に行くなら、やっぱり新幹線か飛行機ですね。
   A:バスもありますか。
   B:ありますけど、時間、かかりますよ。それに、疲れるから、やめた方がいいと思いますよ。

<正解>
1) i 2) f 3) a, e

2.
<スクリプト>

A:あの人、泉谷さんの彼女ですか。
B:いや、多分、会社の後輩だと思いますよ。

1) A:中川さんも昨日の飲み会に行ったと思いますか。
   B:いいえ、飲み会には行かないで、会社で残業していたと思います。

付録

2) A：日本の歌舞伎を見たことがありますか。
   B：ええ、あります。歌舞伎はとてもおもしろいと思います。

3) A：吉井さんが飼っている犬、見ましたか。
   B：はい、けっこう大きい犬ですよね。
   A：大きい犬、怖くありませんか。
   B：ええ、全然。とってもかわいいと思いますよ。

<正解>

1) a　2) a　3) b

Memo

지은이 소개

● 元美鈴 (Won Mi Ryong)

[学歴]
- 韓国外国語大学 日文日語課 博士課程 在学中
- 韓国外国語大学 教育大学院 日本語教育 修士
- 韓国外国語大学 日本語課 卒業

[職歴]
- (現) EBS教育放送ラジオ「中級日本語」進行及び教材執筆
- (現) 梨花女子大学校 言語教育院 講師
- (前) CHA医科大学(CHA University) 講師

[著書]
『달달 외우는 일본어 단어장』
『J-pop도 듣고 일본어도 배우고』
『일본어 첫걸음 모질게 끝내기』
『3重チェック日本語単語帳』
『日本語会話表現辞典』
『すらすら日本語』(入門・初・中・高級)
『ワクワク21シリーズ』(初・中・高級)
『일본어를 잡아라』(日本語入門書)

● 小出亜弥 (Koide Aya)

[学歴]
- 東義大学校 一般大学院 日語日文学科 博士課程単位取得
- 慶尚大学校 教育大学院 日語教育学科 卒業
- 日本 南山大学 外国語学部 日本語学科 卒業

[職歴]
- (前) 東釜山大学 専任講師
- (前) 梨花女子大学校 言語教育院 講師
- (前) 東明大学校 専任講師